독립운동가,
청춘의 초상

독립운동가,
청춘의 초상

조국의 독립에 바친 뜨거운 젊음,
한 장의 사진이 증언하는 찬란한 그 순간

장호철 지음

북피움

일러두기

· 독립운동가는 '사진의 촬영 연대순'이라는 콘셉트에 따라 수록하였다.
· 본문의 서술에서 독립운동가의 경칭은 모두 생략했고, 널리 쓰이는 아호가 있더
  라도 이름 중심으로 썼다.
· 중국이나 일본의 지명과 인명은 현지 발음대로 적는 것을 원칙으로 하며, 괄호
  속에 한자를 나란히 적었다. 단, 독자의 이해를 돕고자 한국인에게 익숙한 몇몇
  중국 지명, 그밖에 기관이나 단체명은 독음대로 적었다.
· 인물의 나이는 모두 '연(年) 나이'(해당 연도에서 출생 연도를 뺀 값)로 표시했다.
· 인용문은 가능한 한 원문을 살려 실었고, 필요한 설명은 괄호 속에 넣었다.
· 단행본이나 논집은 『』, 신문이나 잡지는 「」로 표시했다.

평면적 역사 서술 너머,
'입체적 · 역동적인 인간'의 모습으로 그들을 그리면서

2025년, 우리는 광복 80돌을 맞습니다. 전후세대인 저에게도 그날은 교과서 속 역사의 한 장면일 뿐이어서 당시의 겨레에게 그것이 어떤 크기의 감동과 기쁨으로 다가갔는지 잘 모릅니다. 다만, 이민족에게 차별과 억압을 당하며 살아야 했던 삶의 굴욕만큼, 그 해방의 환희가 남달랐을 것이라고 어렴풋하게 짐작할 뿐입니다.

그러나 반세기를 맞은 50돌이든, 한 세기에 더 가까워진 80돌이든 시간의 축적이 그날의 의미 자체를 바래게 하는 건 아닌 듯합니다. 서른다섯 해 동안의 수탈과 압제를 넘어 맞이한 광복이 분단과 전쟁으로 이어지고 청산되지 못한 역사의 질곡(桎梏)은 여전한 까닭입니다.

시간이 오래 지날수록 역사는 바래가고 기억도 희미해지는 것을 나무랄 수만은 없습니다. 더구나 그것이 이미 화석이 되어버린 역사라면 더 말할 게 없겠지요. 그러나 청산되지 못한 역사는 과거가 아니라 현재입니다. 역사를 '기억과 망각의 투쟁'으로 규정하는 까닭도 거기 있습니다.

겉으로는 심상한 이웃 같은 한일 관계는 깊고 두꺼운 역사의 무게에 짓눌려 있습니다. 일본군 '위안부' 문제와 '강제 동원' 문제 등 해묵은 갈등은 여전히 그것을 현재의 역사로 규정할 수밖에 없는 상수로 존재하기 때문입니다. 80년 안팎의 역사에도 불구하고 역사적 기념일마다 일제에 맞서 싸운 독립운동가들을 다시 불러내 그들의 삶과 투쟁을 새롭게 기리는 까닭도 마찬가지입니다.

시대가 시대인지라, 독립운동가들이 남긴 사진 이미지는 제한적입니다. 까까머리 윤동주, 젊고 풋풋한 20대의 이재명과 김상옥의 모습, 30대인 안중근과 나석주, 백정기의 강건한 모습이 거기 있습니다. 뒷사람들이 만나는 낡고 바랜 사진은 그들의 '마지막 사진'이거나 '유일한 사진'이기 쉽습니다. 사진 속 이들의 초상이 대체로 젊은 모습뿐인 까닭은 그들이 그 모습을 남기고 감옥과 형장에서, 또는 스스로 자신의 목숨을 거두었기 때문입니다. 한편으로 해방 이후에 망명지에서 돌아온 1세대 독립운동가들은 대체로 깊게 팬 주름살과 반백의 모습으로 우리에게 각인되어 있습니다. 그러나 이들에게도 빛나는 젊음의 시간이 있었습니다.

몇 장의 이미지로 그들 젊음의 초상을 만나면서 역사의 평면적 서술 너머에 있는 입체적이고 역동적인 인간의 모습을 그려보고 싶었지만, 짤막한 약전(略傳)의 형식에서 그건 쉽지 않았습니다. 그러나, 건조한 사실 위주의 서술, 그 행간에서 그들이 뜨겁게 불살랐던 청춘의 시간을 복기하면서 그들의 분노와 절망을 추체험할 수 있었습니다. 그들이 시시각각으로 느꼈던 분노와 고통을 날것처럼 느끼며, 2·30대, 그 찬란한 청춘의 시기에 자신의 실존을 걸었다가 스러져간 이들의 비극적인 삶과 투쟁이 나의 것일 수도 있다고 깨닫기도 했습니다.

더러는 한 세기 이전의 역사이기도 한 독립운동가들, 그 우국의 삶을 통하여 우리가 원하든, 원하지 않든 우리의 몫으로 남겨진 '망각에 맞선 기억'을 이어갈 수 있기를 기대하고 희망합니다.

2025년 3월 1일
장호철

차례

2부   돌아온 독립운동가들, 그 청춘의 초상

1부

돌아오지 못한 독립운동가들,
그 청춘의 초상

여기 16명의 독립운동가가 있다. 조국 독립을 위해 헌신했지만, 광복을 맞지 못하고 일제의 감옥과 형장(刑場)에서, 의거의 현장에서, 망명지에서 스러진 이들이다.

이들은 뒷사람들에게 몇 장의 사진을 남겼으니, 그 젊음의 초상으로 우리는 그들을 기억하고 기린다. 그들이 소녀의 풋풋한 미소로, 20·30대 청춘의 형형한 눈길로 내다보던 '미래'를 우리는 살고 있다. 낡고 바랜 사진 속 초상으로 남은 그들의 젊음과 헌신을 복기해보는 까닭이다.

01

고종의 통역도 맡았던 '신여성', 조선의 앞길에 등불을 켜다

미국의 웨슬리언대학에 입학한 28살 김란사

하란사, 또는 김란사. 이름도 낯설고 '김'과 '하'를 오가는 성도 생소하다. '하란사'로 불리기도 했던 김란사(1872~1919)는 김구(1876)나 안창호(1878)보다 손위이니, 글자 그대로 1세대 신여성이다.

19세기의 마지막 해인 1900년에 찍은 한 장의 사진 속 그녀는 평범한 얼굴이지만, 앙다문 입술에 서린 결기가 만만찮아 보인다. 세련된 양장에 목에는 스카프를 감은 사진 속 모습은 미국 웨슬리언대학 입학할 때라 하니 스물여덟이다.

김란사는 21살에 혼인하고 23살에 이화학당에 입학했는데, 당시이화학당은 미혼자만 학생으로 받아들이던 시절이라 수차례 입학을 거절당했다. 그러자 김란사는 교장 앞에서 들고 간 등불을 끄고 이렇게 간청하여 입학을 허가받았다.

1900년, 28살 김란사
미국 오하이오 웨슬리언대학에 입학하다.

"나의 앞날이 이렇게 어두우며 조선의 현실이 이렇게 어두우니, 꺼진 등에 불을 켜게 해주는 게 어떠냐?"

억압을 넘는 불을 밝히라고 외친 신여성

뒷날 교육자가 되어 학생들을 가르치면서 김란사는 "꺼진 등불에 불을 밝혀라(Light up the extinguished torch)!"를 자기 삶의 지표로 삼아, 억압받는 조선 여성들과 민족에 불을 밝히는 삶을 추구했다. 1920년대 근대적인 사회 변화와 함께 등장한 새로운 여성상을 '신여성'이라 일렀는데, 그보다 앞서 19세기의 끝자락에서 억압을 넘는 불을 밝히라고 외친 김란사야말로 신여성의 전범(典範)을 보여준 인물이었다.

김란사는 1893년 인천 감리서:1 별감 하상기(1852~1920)와 혼인하고 2년 뒤에는 기혼자의 몸으로 이화학당에 입학하여 세례명 '낸시(Nancy)'를 받았다. 낸시를 음역한 이름이 '란사'다. 일본을 거쳐 미국에 입국하면서 남편의 성을 따라 '란사 하(Nansa Ha)'로 기록한 이후 하란사(河蘭史)로 알려졌는데, 최근에는 본래의 성을 따라 김란사로 기록하는 추세다.

김란사는 일본에서 1년간 공부한 뒤 1897년 다시 미국에서 유

:1   조선 말과 대한제국 시기에 존속했던 관청. 조선 후기에 개항장과 개시장(開市場)의 행정 사무와 대외 사무를 관장하기 위하여 설치하였던 관아.

학했다. 최초의 자비 유학생이었다. 1900년부터 오하이오 웨슬리언대학에서 공부하고 1906년에 문학사 학위를 받아 귀국하였다. 김란사는 우리나라 최초의 여학사인 셈이다.[2]

귀국한 김란사는 여름부터 이화학당 교감 겸 기숙사 사감을 맡았으며, 대학과[3]가 개설되자 유일한 한국인 교수로 임용되었다. 김란사는 1907년부터 학생 자치 동아리인 '이문회(以文會)'를 통해 학생들에게 민족의식을 일깨우고 선각자의 삶을 강조했다. 훗날 유관순도 이문회 활동을 했다.

1911년 7월에 개화파 정치인 윤치호[4]는 영문 선교잡지 「The Korea Mission Field(한국 선교 현장)」에 학당에 다니는 신여성에 관한 글을 기고했다. 1910년 미국 방문 당시 목격한 미국의 공교육 직업교육체계를 소개하면서 국내 여성 교육의 불만 사항 6가지를 나열하고 "(신)여성들이 요리, 바느질, 빨래, 다림질을 할 줄 모른다."라고 비판한 것이다.

---

[2] 국내에서는 1914년 제1회 이화학당 대학과 졸업식에서 이화숙, 신마실라, 김엘리스에게 한국 여성 최초의 학사학위가 수여되었다.

[3] 1886년 개교한 이화학당은 1904년 중등과, 1908년 보통과와 고등보통과, 1910년 대학과를 신설하였다.

[4] 윤치호(1865~1945)는 대한제국기 중추원 의관, 한성부 판윤 등을 역임한 관료이자 정치인이다. 조선 말기에 일본·미국 등에 유학했고 갑오개혁에 동참하고 독립협회와 만민공동회 활동의 주역이었으나 변절하여 친일반민족행위자가 되었다.

이를 읽은 김란사는 다섯 달 뒤인 그해 12월 같은 잡지에 '항의 (A Protest)'라는 제목의 글을 실어 윤치호의 의견을 정면으로 반박했다. 당대 유명한 남성 정치인을 정면 비판한 이 논쟁은 당시로서는 매우 파격적인 사건이었다. 그는 전통적인 여성의 덕목을 우선시하는 윤치호의 남성 권위주의에 이렇게 반박했다.

> (윤치호의 글을) 조심스럽게 정독해보니 그가 슬프게도 정보를 잘못 알고 있거나 맹목적인 편견을 갖고 있다는 확신이 든다. …… 학당 졸업생들이 요리할 줄 모른다고 해서 비난받아서는 안 되며, 옷감 재단, 바느질, 빨래, 다림질을 모르는 것에 불만을 가져서는 안 된다. …… 필자는 미국이나 유럽에서도 고등학교 졸업생들이 요리와 바느질을 잘하려고 학교에 다니는 것은 아니라는 것을 깨달아야 한다.

영어를 유창하게 구사하여 고종의 통역도 맡았던 김란사는 자연스럽게 세계 정세를 살피면서 조국의 독립에 대한 열망을 지피고 있었다. 그는 여성 교육과 계몽 활동에 전념하면서도 구국운동도 게을리하지 않았다. 1919년 6월에 파리강화회의가 열리게 되자, 고종은 아들 의친왕 이강(1877~1955)을 파리에 파견하여 한일 강제 병합의 부당성과 한국의 독립을 국제사회에 호소하려 했다. 미국 오하이오에서 유학하던 이강과 교류한 바 있는 김란사도 이강의 파리행에 동행하기로 했다. 이 계획은 1월에 갑자기 고종이

승하함으로써 무산되고 왕실 차원의 파견은 중단되었다. 그러나 김란사는 회의에 참석하기 위해 3월에 출국했다.

파리강화회의로 가는 길, 베이징에서 너무 이른 죽음을 맞다

베이징에서 잠시 머무르던 중 김란사는 3월 10일 베이징의 미 감리교회 부속병원에서 갑작스럽게 숨을 거두었다. 향년 47세. 유행성 독감과 폐렴으로 사망했다는 기록이 남아 있지만, 일제의 독살설이 제시되는 등 정확한 사인은 아직도 밝혀지지 않았다. 유일한 혈육이던 딸이 18세에 사망해 남은 직계 혈족이 없었던 데다가 26년 뒤에야 광복을 맞이하면서 꽤 오랫동안 김란사는 잊힌 존재로 남아 있었다.:5

이화학당에 입학한 최초의 기혼 여성, 자비로 미국에 유학하여 문학사 학위를 받은 최초의 여성이자 우리 나라 근대 여성 1세대인 김란사. 제자들에게 입버릇처럼 "꺼진 등에 불을 켜라."라고 말했던 그는 유관순을 비롯한 제자들에게 민족의 현실과 세계 정세를 알려주고 '선각자'의 삶을 살아야 함을 일깨워주며 스스로가 등불이 되었다.

:5　정부는 김란사에게 1995년 건국훈장 애족장을 추서했고, 2018년에는 국립서울현충원에 그의 위패가 봉안됐다.

02   자신에게 엄격했던 반듯한 청년, 미국 최초의 한인촌을 세우다

미국에서 공립협회를 창립한 27살 안창호

1902년 10월. 24살 청년 안창호(1878~1938)는 미국인 선교사의 소개로 미국 유학길에 올랐다. 샌프란시스코에 자리를 잡은 그는 미국인 가정의 하우스보이 일을 하면서 현지의 공립소학교에서 2년간 공부했다. 그러나 현지 한인들의 실상을 보게 된 안창호는 교육학을 공부하여 조국에서 교육사업을 펴겠다는 포부를 접을 수밖에 없었다.

당시 샌프란시스코에는 인삼 상인과 유학생 등 20여 명의 한인이 살고 있었는데, 인삼 상인들은 1899년 중국인 이민자들에게 인삼을 팔기 위해 중국을 거쳐 미국으로 온 이들이었고, 유학생들은 1882년 조미 수호 통상 조약 이후 미국으로 건너온 사람들이었다. 상인들은 행상 구역과 판매 가격 경쟁으로 서로 다투었

1905년, 27살 안창호
미국에서 공립협회를 창립하다.
(뒷줄 왼쪽부터 시계 방향으로
창립위원인 임준기, 정재관, 안창호, 이강, 송석준)

고, 유학생들과는 계층적 대립으로 알력이 심했다.

이러한 갈등을 해소하고 친목을 꾀하며 경제적인 도움도 줄 수 있는 단체가 절실하게 필요했던 상황에서 안창호는 1903년 이대위, 박영순 등 9명의 발기로 '친목회'를 결성했다. 그는 동포들의 단합에 힘을 기울이는 동시에 노동 주선에도 힘썼다. 하와이로 노동 이민을 왔다가 계약기간이 끝나자 대책 없이 본토로 들어오는 한인들에게 일자리를 주선하는 일로 바빠 자신의 학업에 대한 뜻을 접은 것이다.

스물일곱에 미주 한인사회의 지도자로

러일전쟁(1905) 이후 일제가 한국의 식민 지배를 본격화하자 1905년 4월 안창호와 송석준, 정재관, 임준기, 이강 등은 샌프란시스코에서 '리버사이드 공립협회'와 샌프란시스코의 '친목회'를 통합 발전시켜 공립협회를 설립하였다.

공립협회의 초대 회장이 된 안창호는 1907년 귀국할 때까지 2년이 채 되지 않는 단기간에 600명의 회원을 모았다.

앞에 나온 가로로 길쭉한 타원형의 사진은 공립협회 창립위원들과 함께 찍은 사진이다. 앞줄 맨 오른쪽의 안창호는 27살이었다. 이목구비가 뚜렷하고 반듯한 이마는 장년의 초상에서도 확인되는 모습이다. 그런데, 스물일곱 안창호는 중년의 모습에서 근엄함을 빼고 반듯한 이미지만 남은 푸릇한 청년의 인상이다. 앳되어 보이지만, 사소한 규칙 하나도 어기지 않을 듯한 모범생의 얼굴을 하고 있다.

항일운동과 함께 최초의 정치운동 기관을 표방한 공립협회의 창립으로 안창호는 미주 한인사회의 지도자로 우뚝 서게 되었다. 그는 여기서 이강과 정재관, 임준기와 같은 평생 동지를 만났다. 그뿐 아니라, 공립협회의 설립으로 민족운동의 토대를 마련했다고 본 동지들이 안창호가 본격적인 항일 민족운동의 장으로 나갈 수 있도록 지원해주었다. 뒷날 리버사이드의 한인 거주지를 방문한 강명화:6가 이곳을 '안도산 공화국'이라고 예찬했던 게 절대 지나치지 않은 것이었다.

독립협회 활동에서 청년 '계몽 인사'로 등단

안창호는 평안남도 강서 출신으로 아호인 '도산(島山)'은 고향인 대동강 하류의 도롱섬에서 따서 지은 것이다. 한학을 배우다 1895년 청일전쟁 이후 상경하여 언더우드학당에 입학하여 3년간 수학하며 기독교 세례를 받았고 서구 문물을 만났다.

1897년에 19살의 안창호는 독립협회에 가입하여 평양에서 관서

:6 강명화(1868~1933)는 하와이 사탕수수 농장의 초기 이민자로 그의 집안은 본인, 아들, 사위 등 8명의 독립운동 유공자를 낸 미주 지역 최대 독립운동 명문가다.

지부 조직을 맡았다. 이때 평양지회 결성식이 열린 평양의 쾌재정(快哉亭)에서 수백 명의 군중이 모인 가운데 정부와 관리를 비판하고 민중의 각성을 촉구하는 연설을 하여 청년 웅변가로 이름을 알렸다.

24살에 미국 유학길에 올라 4년여 머물며 공립협회를 설립한 안창호는 을사늑약 체결(1905) 소식을 듣고 이듬해 귀국했고, 그 다음 해인 1907년 이갑, 양기탁, 신채호 등과 함께 비밀 결사인 신민회(新民會)를 조직했다. '신민'은 백성을 새롭게 한다는 뜻으로 신민회는 국권을 회복하여 공화정을 시행하는 자유 독립 국가 건설을 목표로 삼았는데, 독립협회의 목표가 입헌군주국이었던 것에 비하면 사상적으로 엄청난 진전이었다. 비밀 결사였지만 1910년 즈음에 회원이 약 800명에 이르렀으니, 당시의 웬만한 애국 계몽 운동가들을 거의 망라한 숫자였다. 그러나 1911년 일제가 민족주의 및 기독교계 항일 세력을 통제하고자 데라우치 총독 암살 모의 사건을 조작, 105명의 애국지사를 투옥한 105인 사건의 와중에 조직이 드러나자 일제는 신민회를 해산하였다.

1909년 안중근의 이토 히로부미 처단 의거는 안창호가 활동 무대를 국내에서 다시 미국으로 옮기는 계기가 되었다. 안창호는 안중근의 의거에 관련되었다는 혐의로 체포되어 3개월간 구금되었다가 1910년 4월 중국인 소금 상선을 타고 중국의 웨이하이로 극적으로 탈출하였다. 중국에서 토지개간 사업이나 무관학교를 세우겠다는 계획을 세웠지만 사정이 여의치 못하여 계획을 바꾸어 다시 미국으로 건너갔다.

'대한인국민회', 미주 최대의 통일조직이 되다

한편, 안창호가 설립했던 공립협회는 한인 단체의 확대와 통합을 거듭하여 미주 최대의 한인 통일조직인 '대한인국민회'로 개편되었다. 미국으로 돌아온 안창호는 대한인국민회 일에 전념했고, 1914년 대한인국민회 중앙총회장에 당선되었다.

안창호는 경제적 실력과 인재 양성이라는 목표를 이루고자 1912년 북미실업주식회사를 세우고 1913년 5월 동맹수련단체인 흥사단:7을 창립해 인재를 양성하고자 했다.

1919년 3·1운동이 일어나자 안창호는 곧바로 상하이로 건너가 임시정부 내무총장 겸 국무총리 대리직을 맡았다. 1923년에 상하이에서 국민대표회의가 열렸다. 국민대표회의는 임정을 해체하고 새로운 정부를 조직해야 한다는 창조파와 임정을 유지하면서 효과적으로 개편·보완하여야 한다는 개조파의 주장이 팽팽히 맞서 난항을 거듭하다 끝내 결렬되었다.

국민대표회의에 실망한 독립운동 세력들은 상하이를 떠나거나

:7 1913년 5월 미국 샌프란시스코에서 안창호가 주도하여 조선 8도를 대표한 발기인 25명으로 조직한 흥사단(Young Korean Academy, 興士團)은 일제강점기 실력 양성 운동에 의한 항일운동 단체다.

독립운동을 포기하기도 하였지만, 안창호는 대독립당운동:8과 이상촌 건설 운동에 온힘을 쏟으면서 독립운동의 돌파구를 마련하고자 동분서주했다. 그는 임정 경제후원회를 만들어 재정 위기에 빠진 임정을 후원했으며, 각지에 한국 유일독립당 준비회를 만들어 지역별 독립운동 단체를 유일당 체제로 통일시키는 운동을 전개했다.

그러나 1929년에 민족유일당운동은 끝내 실패했다. 그 뒤, 안창호는 이동녕, 김구 등과 함께 종래의 파벌투쟁을 청산하고 임시정부의 기초적 정당을 결성한다는 목표로 1930년에 한국독립당을 결성하고 '개체는 전체를 위하여, 전체는 개체를 위하여'라는 대공주의(大公主義)를 제창했다.

'대공주의', 안창호의 제3의 길

'개인은 민족을 위해 헌신함으로써 그 천직을 다 한다'라는 사상인 대공주의는 1920년대 내내 독립운동의 걸림돌이었던 고질적인 사상 분열을 극복하고 민족주의자와 공산주의자 간 사상과

:8 대독립당은 민족유일당운동의 하나로 조직된 촉성회(재촉하여 빨리 이루어지게 하는 모임) 중 하나다. 민족유일당운동은 1920년대 중반 중국 관내와 만주 지역에서 전개된 정당 형태의 민족운동 총지도기관 결성 운동으로, 이념이 다른 민족운동 단체들을 하나의 당으로 통합하고자 한 민족 협동전선 운동이라고 할 수 있다.

노선 갈등으로 말미암은 극한 대립을 융화시키고자 제시한 '제3 의 길'이었다.

1932년 4월, 윤봉길의 상하이 홍커우(虹口) 의거 이후 안창호는 일본의 배후 소탕 과정에서 체포되어 국내로 압송되었다. 김구의 무장투쟁 노선에 반대했던 안창호는 홍커우 의거에 대해 전혀 몰랐다. 심지어 의거 후 김구가 이 거사가 자신의 지휘 아래 치러졌음을 당당히 밝혔음에도 안창호는 치안유지법 위반으로 4년 실형을 선고받았다. 1935년 가석방으로 출옥하여 평남 대보산 송태산장에 은거하였다.

1937년 6월, 안창호는 수양동우회 :9 사건으로 다시 체포되었다. 홍사단의 자매단체였던 수양동우회는 그 무렵 뚜렷한 활동을 하지 못하고 있었다. 그런데도 수양동우회를 대상으로 표적 수사를 벌인 이유는 그것을 무기 삼아 양심적 지식인과 부르주아 집단을 포섭하려는 의도에서였다.

일제의 의도는 성공했다. 치안유지법 위반으로 검거된 회원들은 강제로 전향한 뒤 일제에 협력하기 시작했다. 작곡가 홍난파가 그랬고, 중심인물이었던 이광수와 주요한은 이후 노골적으로 친일 부역에 앞장섰다. 1937년 해산되면서 수양동우회는 보유했던 자금과 토지, 사무 기구를 매각한 금액까지 싹싹 긁어모아 국방

:9 1926년 안창호가 서울에서 조직한 개량주의적 민족운동 단체.

헌금으로 냈다.

안창호는 수감 중 병이 깊어지자 보석으로 풀려났다. 대성학교와 이상촌 건설을 위한 토지 매입에 전 재산을 쓴 안창호는 가난했고 그의 병원비는 윤치호와 김성수, 이광수 등이 댔다. 그러나 이미 병세가 손쓰지 못할 만큼 위중해졌던 안창호는 1938년 3월 10일, 경성제국대학 부속병원에서 간경화증으로 파란 많았던 우국의 삶을 마감했다. 향년 60세였다.

도덕적 인물이 사상과 실천으로 펼친 민족운동

안창호에게는 '민족의 선각자', '독립운동의 위대한 지도자'라는 평가와 동시에 '개량주의자', '조선 독립 불가론자', '자치론자' 등 독립운동에 파벌을 조장하고 민족개량주의를 기른 인물이라는 비판도 있다. 실제로 그의 노선을 따랐던 이광수, 최남선, 윤치호 등의 인물들이 대부분 1930년대 중반 이후 노골적인 친일 부역자로 변신했다.

그러나, 안창호 자신은 언제나 중립적 입장에서 평형을 유지하려 했고, 파벌을 조장하는 것을 경계했다. 추종자들이 변절했는데도 비난이 그에게 오지 않은 것은 그가 항심(恒心)을 잃지 않는 실천적 인간이었기 때문이었다. 그는 자신에게 엄격했고 정직하고 도덕적이었다. 조부의 뜻에 따라 원치 않는 결혼을 했지만, 그 아내와 일생을 같이했고 어떤 경우에도 절제를 잃지 않았다.

안창호의 장례식은 흥사단과 수양동지회 회원의 주도로 거행되었고 그는 망우리에 묻혔다. 총독부는 소요 사태를 막는다는 구실로 헌병을 보내 장지로의 출입을 통제 감시하였다. 그의 유해는 1973년 강남구 신사동의 도산공원으로 이장되었다. :10

한국과 중국, 연해주, 미주를 넘나들며 남긴 안창호의 자취는 한 도덕적 인간이 사상과 실천으로 펼쳐낸 민족운동의 얼개를 뒷사람에게 보여주고 있다.

:10 대한민국 정부는 1962년 안창호에게 건국훈장 대한민국장을 추서하였다. 그가 살았던 미국 로스앤젤레스에도 그의 이름을 딴 나들목(2002)과 우체국(2004)이 각각 세워져 그의 삶을 기리고 있다.

03 조선인 1호 볼셰비키 혁명가, 아무르강에 혁명의 꽃으로 지다

33살에 처형당한 사회주의자 김알렉산드라

신랑은 어깨가 널찍한 러시아 남자로 콧수염을 길렀고, 턱시도에 나비넥타이를 맸다. 20살 앳된 신부는 한국인 특유의 오목조목한 얼굴, '귀염 상'이라고 할 수 있는 인상이지만, 꾹 다문 입술 주변에 서린 기운이 예사롭지 않다. 만만찮은 고집이나 결기가 풍긴다고 여기는 건 그가 혁명가여서일지 모른다.

블라디보스토크의 사범학교를 나와 고향인 영안평:11의 소학

:11　영안평(永安坪)은 한인들이 시넬리니코보 마을을 부르는 이름이다. 마을 주변의 수이푼강 유역은 토지가 비옥하고 넓어 그런 뜻의 한자어를 붙인 것이다. 연해주(沿海州) 역시 러시아어로 프리모리예, '바다에 접한 땅'이라는 뜻이어서 이를 의역하여 연해주라고 썼다.

1905년, 20살 김알렉산드라
연해주에서 스탄케비치와 결혼하다.

교(오늘날 초등학교)에서 아이들을 가르치고 있던 신부 김알렉산드라 (1885~1918)는 부친의 친구이자 자신의 후견인이기도 한 스탄케비치의 아들과 결혼하였다. 그의 이름이 김알렉산드라 페트로브나 스탄케비치가 된 것은 이 결혼 때문이다. 김알렉산드라는 3년 뒤인 1908년 아들 슬라브를 낳은 직후 남편과 이혼했다.

러시아 연해주의 독립투쟁과 김알렉산드라

국내와 중국(만주 포함) 위주로 독립운동을 배운 세대에게 연해주와 같은 러시아(소련) 쪽의 독립투쟁은 낯설고, 쉽게 그 모습이 그려지지 않는다. 게다가 러시아 혁명 전후의 이른바 볼셰비키와 연관된 활동은 학습된 레드 콤플렉스가 그 실상을 제대로 보는 것을 방해한다. 특히 혁명 이후의 소비에트가 공동의 적인 일본과 맞선 조선에 대해 일관된 우호적인 태도를 유지하지 않고, 불이익을 준 트라우마가 있기도 한 탓이다. 러시아령 연해주는 제2차 아편 전쟁의 결과로 청나라가 러시아에 할양한 땅이다. 연해주 지역은 비슷한 시기 조선왕조의 폐정과 자연재해 등으로 생존의 절망적 상황에 내몰린 함경도 주민 일부가 두만강을 넘어 들어가 삶의 터전을 개척하게 된 땅이기도 했다.

김알렉산드라는 연해주 한인 2세로, 러시아제국 우수리스크의 한인 마을, 우리 동포들이 '추풍 영안평', 또는 '추풍 대전자'라 부른 시넬리니코보에서 농민 출신 김두서의 딸로 태어났다. 러시아식 이름은 알렉산드라 페트로브나 김 스탄케비치. 김알렉산드라의 아버지 김두서는 함경북도 경흥 출신의 빈민이었으며 중국 훈춘에서 소작농으로, 러시아에서는 막노동꾼으로 생계를 이어오면서 중국어와 러시아어를 익힌 사람이었다. 그는 1891년 시베리아 횡단철도의 간선인 동청철도:12 공사 현장에 통역사로 강제 징집됐다. 6살 꼬마 김알렉산드라도 아버지를 따라 공사 현장에서 살았다. 당연히 연해주의 한인 노동자가 공사에 대거 동원됐는데, 김알렉산드라는 착취당하는 한인 노동자의 모습을 지켜보며 자랐다.

당시 러시아 이주 조선인 노동자는 러시아제국 군대의 말(馬)보다도 하찮은 존재였으므로 다쳐도 치료는커녕 죽으면 광야에 아무렇게나 버려지는 신세였다. 이런 상황을 보고 들으며 자란 김알렉산드라는 모순된 현실을 냉철하게 인식하면서 그것을 어떻게 극복할 것인가에 대한 고민을 내면화하였을 것이다.

17살 때 아버지를 여읜 김알렉산드라는 부친의 폴란드인 친구 스탄케비치의 도움으로 블라디보스토크의 여성사범학교에 진학했는데 여기서 본격적으로 반제국주의 사회주의에 입문했다. 사범학교를 졸업하고 고향으로 돌아와 아이들을 가르치다가 1905년 스탄케비치의 아들과 결혼했다.

:12 동청(東淸)철도는 하얼빈을 중심으로 하여 만저우리(만주리)와 쑤이펀허(수분하), 그리고 다롄(大連)을 잇는 철도 노선을 이른다.

당시 연해주 한인사회는 수적으로, 지역적으로 확대되면서 경제적·사회적으로 성공한 인물을 배출하기 시작했다. 이들이 주도하는 한인사회의 역량도 커져 을사늑약(1905) 이후 국권 회복과 독립운동을 위해 망명자들이 모여들 때, 연해주에는 이미 국권 회복 운동의 기반이 마련되어 있었다. 한인 집단 거주지 '신한촌(新韓村)'을 중심으로 자치단체, 독립운동 단체 등이 생겨나면서 연해주의 주도(州都) 블라디보스토크는 국외 독립운동의 구심점이 되었다.

연해주 한인들의 국권 회복과 독립운동은 1906년부터 본격화되어 최재형·이범윤·홍범도·안중근 등의 연해주 의병 운동(1907~1908):13, 애국계몽운동, 성명회 선언:14, 권업회 활동:15, 대

:13 안중근은 1907년 8월 망명한 이후 연해주에서 2년간 의병으로 활동했다. 그는 최고 지휘관인 전제익(1861~?) 아래에서 중간 지휘관으로 활동하였다. 안중근이 거느리던 의병부대는 1908년 7월 7일 연해주 포시예트에서 두만강을 건너 함경북도 경흥군으로 진공하기도 했다.

:14 성명회(聲鳴會)는 1910년 러시아의 블라디보스토크에서 조직되었던 독립운동 단체. 일제의 한국 강점 소식을 전해 들은 성명회는 일본과 각국 정부에 '합병' 무효를 선언하는 전문과 성명회 명의의 취지서와 각종 격문을 작성하여 발송했다.

:15 권업회(勸業會)는 1911년 6월에 설립되어 1914년 8월 1차 세계대전 발발 전까지 존속한 러시아 연해주 지역 한인 자치단체다. 분열되어 있던 한인 정치 세력을 망라하고 러시아 관료들의 지지를 받으며 러시아 지역 한인 대표기관으로 인정받았다.

한광복군정부운동:16 등으로 이어졌다. 김알렉산드라는 노동자가 된 한인들의 권익을 대변했고, 연해주에서 독립운동을 모색하는 망명자들을 도왔다.

한인 최초의 볼셰비키 당원 김알렉산드라

1914년 제1차 세계대전이 일어났다. 러시아는 전쟁 포로와 한인 등을 강제 동원, 우랄 지역 페름(Perm) 군수공장을 가동해 전쟁 무기를 생산하기 시작했다. 당시 페름은 열악한 노동환경과 비인간적인 노동강도 등으로 유명한 곳이었다.

페름으로 간 김알렉산드라는 1914년 말부터 조선인, 중국인 노동자를 대규모로 고용하는 러시아 우랄산맥 벌목장에서 통역관으로 일하면서 노동자들의 권익을 보호하는 데 힘썼다. 1917년 초에는 러시아 사회민주당에 가입하여 한인 최초의 볼셰비키 당원이 되었다. 그리고 우랄산맥 벌목장의 조선인 노동자 32명의 소송대리인으로 노동자의 임금 착취 등을 고발하며 러시아 정부를 상대로 소송을 벌였다.

:16 대한광복군정부는 권업회를 모체로 1914년 연해주 블라디보스토크에서 출범한 무장 독립운동 단체이자 군정부(軍政府). 조직의 주도자는 이상설, 이동휘, 이동녕, 이종호, 정재관 등이었다.

이들 조선인 노동자 32명은 나자구 무관학교[17] 생도들이었다. 학교가 폐쇄 위기에 빠지자, 페름의 산악지대에서 육체노동으로 학교를 살릴 자금을 모으려고 온 것이었다.

이들이 육체노동에 뛰어든 절실한 이유를 알게 된 김알렉산드라는 뜨거운 동지애를 느꼈다. 그는 조선인 노동자들의 대표자로서 노사 교섭을 벌이고 소송을 승리로 이끌었고 이들과 함께 우랄노동자동맹을 조직하였다.

김알렉산드라의 승리는 레닌 측근에게까지 알려졌다. "당의 지원도 없이 노동자를 해방한 것만으로도 당신은 이미 혁명가요." 그렇게 신임을 얻은 김알렉산드라는 하바롭스크 사회민주당 극동인민위원회 외교위원장을 맡았다. 그는 1917년 러시아 2월 혁명 뒤에 하바롭스크에 왔다가 독일 간첩 혐의로 수감된 이동휘 석방운동을 전개하였고 이동휘는 10월 혁명 뒤에 석방되었다.

1918년 이동휘 등과 한인사회당 창립

1918년 5월에는 이동휘, 류동열, 김립, 오성묵 등과 함께 '반일

[17] 이동휘가 1915년에 지린성 왕청현 나자구(羅子溝)에 독립군 양성을 위해 설립한 무관학교. 동림무관학교라는 호칭도 쓰였다. 나자구 사관학교를 포함한 이 명칭들은 모두 비공식적인 것으로 조선인들끼리 은밀하게 부르는 이름이었다. 의열단원 나석주도 한때 여기서 훈련을 받았다.

반제(反日反帝)의 사회주의 노선'을 강령으로 채택한 최초의 한인 사회주의정당인 한인사회당을 창립하였다.[18] 위원장에 이동휘가 선임됐고, 류동열이 군사부장, 김립이 선전부장 등을 맡았다. 이들은 조국 독립을 준비하고자 한인 무장 부대를 조직했고, '보문사'라는 이름의 출판사를 운영하며, 한국 역사와 지리서 등 교과서와 기관지 「자유종」을 펴냈다.

1917년 10월 혁명 이후 소비에트 정권이 성립하고 그에 대항하는 반정부 세력이 생겨나면서 러시아 주변과 시베리아 일대를 중심으로 이른바 '적백 내전'이 시작되었다. 적백 내전은 표면적으론 황제를 지지하는 백군(백위군)과 혁명을 지지하는 적군(적위군) 사이의 내전이었다. 그러나 실제로는 레닌이 주도하는 공산주의 혁명 세력과 혁명을 지지하는 러시아 국민에 맞선 백군과, 그런 백군을 후원하는 영국, 프랑스, 미국, 일본 등 제국주의 국가들과의 전쟁이었다.

내전이 격화하면서 한인사회당은 내전에 참여할 것인가를 두고 의견이 갈렸다. 일본이 러시아 혁명군을 제압하고자 대규모 병력을 블라디보스토크에 파병하면서 전세도 불리해졌다. 이동휘 등은 내전 참여에 반대했고, 김알렉산드라와 류동열 등은 일본군과 백위군(러시아 정부군)에 맞서 싸우자고 주장했다.

[18] 러시아에서는 '한인 사회주의자동맹'이라고 불렀다.

한인사회당이 조직한 100여 명의 적위대는 블라디보스토크 국제군에 편입되어 볼셰비키와 함께 우수리 전투에 참여하였지만, 이 전투에서 한인 적위대원 절반 이상이 전사했다. 1918년 8월 말 하바롭스크의 볼셰비키들이 빨치산 체제로 전환을 결정하고 아무르주로 이동하던 중 한인사회당 간부들은 아무르강(흑룡강)에서 일본군에 체포되었다.

일본군에게 체포돼 백군에 넘겨져

하바롭스크로 압송된 한인사회당 간부 가운데 류동열, 이인섭,[19] 김립 등은 중국인 노동자로 가장해 풀려났지만, 김알렉산드라는 재판에 넘겨졌다. 백위군 장교가 김알렉산드라를 심문하면서 "너는 조선인이면서 왜 러시아 내전에 참여했는가?"라고 묻자, 김알렉산드라는 서슴없이 답했다.

"나는 볼셰비키다. 나는 억압받는 민족과 소비에트 정권을 위해 싸웠고 지금도 싸우고 있다. 나는 조선 인민이 러시아 인민

[19] 이인섭(1888~1982)은 1907년 이전 국내에서는 의병 활동, 1910년 이후에는 만주에서 독립군으로 활동, 1917년 우랄노동자동맹 회장, 1918년 3월 한인사회당 중앙위원회 위원을 지냈고, 러시아 혁명 50주년에는 적기 훈장을 받은 혁명가이다. 2006년 건국훈장 애국장이 추서되었다.

과 함께 사회주의 혁명을 달성해야 나라의 자유와 독립을 이룰 수 있다고 굳게 믿고 있다."

결국 김알렉산드라에게 사형이 선고되었는데, 재판장은 "당신은 조선인이기 때문에 러시아 국사에 참여할 권리가 없다. 그러니 죄를 뉘우치면 석방하겠다."라고 제안하지만, 그는 이를 간단히 거부하며 "적위군과 함께 이 전쟁에 참여한 수백 명의 조선인은 소비에트 권력을 방어하는 것이, 조선을 해방에 이르게 해줄 것을 알기 때문에 열성적으로 참여한 것이다."라고 답했다.

1918년 9월 25일, 김알렉산드라는 하바롭스크 아무르강 유역 우초스 절벽에 섰다. 사형 집행관들은 포로들의 눈을 흰 수건으로 싸매고서 강변 바위 위에 세운 뒤 총살하고 그 시신을 강물에 던져넣었다. 이윽고 차례가 다가오자 김알렉산드라는 눈을 싸맨 수건을 벗어 던졌다. 그는 사형 집행관들이 세웠던 자리에서 열세 걸음을 걸어가 바위 위에 우뚝 섰다. 군중들은 숨을 죽이고 그녀를 바라보고만 있었다.

"조선의 후진들은 들으시오. 내가 금방 걸어 나간 열세 걸음은 조선의 13도이다. 그 발자국마다 우리 당 수령이신 V. I. 레닌에게서 받은 공산주의의 꽃씨를 심으시오. 그 꽃을 두 손에 쥐고 조국을 해방하고 온 세상에 자랑하시오. 동시에 그 꽃을 온 세상 피압박 민족에게 전해주시오. 공산주의 만세, 조선 독립 만세……."

- 한인사회당 중앙위원 이인섭의 회고록에서

총살형이 집행되어 김알렉산드라는 절벽 아래로 떨어졌고, 아무르강의 검푸른 물결이 그를 삼켜버렸다. 한국인 최초의 볼셰비키 혁명가였고, 노동자들의 벗이었으며, 조선 독립을 위해 싸웠던 독립운동가 김알렉산드라는 그렇게 서른셋의 삶을 마감했다. 그의 죽음 뒤에 하바롭스크 시민들은 김알렉산드라의 넋을 기려 아무르강 유역에서 오랫동안 낚시를 하지 않았다고 전한다.

서른셋에 진 혁명가에 바쳐진 헌사

1905년 첫 결혼 무렵에 찍은 것으로 보이는 사진 속에서 갓 스물, 앳되지만 당찬 모습의 신부 김알렉산드라는 13년 뒤 두 아들을 남기고 혁명가로 당당하게 죽음을 맞았다. 다시 100년이 지났지만, 그는 하바롭스크 극동인민위원회 사무실과 자신의 집무실이 있던 건물에 붙은 안내판의 짧막한 문구로 여전히 기억된다.

"김알렉산드라가 이곳에서 일했고, 1918년 영웅적으로 죽었다."

김알렉산드라를 잃은 뒤, 러시아에서의 사회주의 독립운동은 쇠잔해갔다. 당 내부 노선이 갈리면서 양분된 조직은 독립운동의

40   독립운동가, 청춘의 초상

주도권을 두고 다투었고, 이는 1921년 6월 러시아 극동 공화국(아무르주) '스보보드니(자유시) 참변':20으로 이어졌다. 이후 양분된 조직의 통합이 실패하면서 사실상 사회주의 독립운동은 소멸의 과정을 밟았다.

광복 후에도 사회주의 독립운동은 분단 뒤, 남에서는 군사 독재의 기반이었던 반공주의 여파로, 북에서는 김일성 우상화 정책 등으로 말미암아 남북의 독립운동사에서 배제됐다. 대한민국의 민주화 이후 사회주의 독립운동사를 복원하는 과정에서 비로소 이들이 재조명되기 시작했다. 하바롭스크에서 한인사회당을 함께 한 이동휘에게는 1995년에, 김알렉산드라에게는 사후 91년이 지난 2009년에야 건국훈장 애국장이 추서된 이유다.

:20 1921년 러시아 자유시에서 독립군 부대와 러시아 적군(赤軍)이 교전한 사건이다. '흑하사변'이라고도 한다. 소련은 차르 정권이 몰락한 혼란을 틈타 시베리아 연해주를 점령하고 있던 일본군을 협상으로 철수시키려 했다. 그러자 일제는 소련 영내에 집결해 있던 독립군의 무장 해제를 강력히 요구했다. 이에 소련은 대한독립군을 볼셰비키로 흡수하여 일본과의 마찰을 피하고자 무장 해제 명령을 내렸다. 상하이 고려공산당의 입장을 따르던 독립군이 불응하자 적군이 독립군을 공격하여 사망자 272명 등 600명이 넘는 희생자를 냈다.

04

샌프란시스코에서 울린 3발의 총성, 일본의 앞잡이를 처단하다

미국인 더럼 스티븐스를 저격한 32살 장인환

1908년 3월 23일은 월요일이었다. 오전 9시 30분, 샌프란시스코 항 오클랜드행 도선(渡船) 대합실 페리(Ferry) 빌딩 앞에 자동차 한 대가 멈춰 섰다. 주샌프란시스코 일본 영사의 안내를 받으며 자동차에서 내린 이는 대한제국 '외교 고문'인 미국인 더럼 화이트 스티븐스(Durham White Stevens)였다.

전날 페어몬트호텔에서 묵은 그는 워싱턴 D. C.로 가기 위해 페리호 도선 대합실을 찾은 것이었다. 스티븐스가 자동차에서 내리는 순간, 근처에 있던 한 동양인 청년이 붕대에 숨긴 권총의 방아쇠를 당겼다. 그러나 방아쇠가 붕대에 걸리면서 그의 리볼버는 격발되지 않았다. 당황한 청년은 권총을 거꾸로 잡고 권총 자루로 얼굴을 후려쳐서 스티븐스가 차에 머리를 부딪혀 쓰러지게 했다.

1907년, 31살 장인환
샌프란시스코 의거 한 해 전의 모습이다.

그러나 완력과 체격이 청년보다 우세했던 스티븐스가 정신을 수습하여 청년을 붙잡고 몸싸움을 벌이자, 청년은 몸을 빼내 거리 저쪽을 향해 달려갔다. 이에 스티븐스는 피를 흘리며 청년을 뒤쫓으려 했는데, 몇 발짝 안 가서 그의 등 뒤에서 권총 세 발이 발사되었다. 현지 신문 「샌프란시스코 크로니클」 보도에 따르면 "페리 빌딩 앞쪽 중앙 탑에서 남쪽으로 약 20야드 되는 지점"에서 리볼버의 방아쇠를 당긴 이도 같은 동양인이었다.

첫 번째 총알은 몸을 피하던 청년의 어깨에 맞았고 나머지 두 발은 스티븐스의 몸을 관통했다. 현장에 있던 순찰 경관들이 두 청년을 체포했다. 권총을 쏘아 스티븐스를 쓰러뜨린 청년은 구속되었으며 저격에 실패한 앞의 청년은 병원에서 응급 처치를 받은 뒤 공범 혐의로 재판에 넘겨졌다. 스티븐스는 이틀 후 탄환 제거 수술을 받다가 사망했다.

마음은 하나였던 두 청년, 실패에서 성공으로

저격에 실패한 청년은 서울 출신의 24살 전명운(1884~1947), 뒤의 청년은 평양 출신의 32살 장인환(1876~1930)이었다. 이 사건이 바로 장인환과 전명운의 '상항 의거':21다.

:21 상항(桑港)은 '샌프란시스코'의 한자음을 가지고 외국어의 음을 나타낸 말, 즉 음역어이다. 로스앤젤레스를 나성(羅城)으로 부르는 것도 마찬가지다.

상항 의거는 항일 민족운동의 전개 과정에서 '의열투쟁'이라는 새로운 장을 여는, 해외 거주 한인 최초의 의거로, 이듬해인 1909년 10월 26일 하얼빈에서 이토 히로부미를 처단한 안중근 의거로 이어졌다. 강제 합병 뒤에는 1928년 타이완에서 일본 육군 대장을 척살한 조명하(1905~1928) 의거와 도쿄의 이봉창 의거, 상하이의 윤봉길 의거로 계승되었다.

샌프란시스코에서 처단된 더럼 스티븐스는 미 국무부에서 근무하다 워싱턴 주재 일본 외무성 고문으로 일하면서 본격적으로 일본 외교를 자문하기 시작했다. 그가 우리 외교무대에 등장한 것은 갑신정변(1884)의 결과로 한성조약(1885)이 체결될 때였다. 그는 일본 전권대사 이노우에를 자문한 공로로 메이지 일왕이 제정한 훈장을 받았다.

1904년에는 한일 외국인 고문 초빙에 관한 협정서를 강제 체결케 하여 12월 27일 대한제국 외부(오늘날의 외교부) 고문관으로 임명된 스티븐스는 이후에도 제2차 영일동맹, 포츠머스 조약, 을사늑약(1905), 고종의 강제 퇴위와 한일신협약 체결(1907) 등에 관여, 일본이 한국을 '병합'할 수 있는 길을 트는 데 앞장선 일제의 앞잡이였다.

샌프란시스코에서 울린 총성은 대한제국의 국권을 야금야금 갉아먹으면서 강제 병탄에 골몰하고 있는 일본과 이를 묵인하고 있는 강대국 미국의 주의를 환기하기에 충분했다. 의거는 세계 주요 매체로 타전되었고 특히 샌프란시스코 언론들은 다투어 '은둔의 나라'에서 온 열혈 청년에 관한 기사를 이어갔다.

당시엔 서구 강대국들도 일제의 한국 병탄 논리였던 '한국은 근대화하기에 능력이 떨어지므로 선진 일본의 도움과 보호가 불가피하다'라는 인식을 비판 없이 받아들이고 있었다. 그런데 같은 논리로 한국에 '도움을' 주고 있던 미국인 고문이 한국 청년들에게 응징당한 사건을 통해 이들은 한일 관계를 새롭게 바라보면서 한국 청년들의 항변과 거사를 주목했다.

「샌프란시스코 콜」은 두 사람을 "애국자들(Patriots)"이라고 지칭했으며 "샌프란시스코 코리안의 공모는 '성스러운 전쟁에 신명을 바쳐 모든 일본인을 근절하라'는 '의병(Righteous Army) 선언'에 따른 것"이라고 보도하는 등 의거에 우호적이었다.

스티븐스는 일본 외무성과 한국통감부의 밀명을 수행하기 위하여 저격당하기 이틀 전인 3월 21일, 일본 기선 '니폰마루(日本丸)'로 샌프란시스코에 도착했다. 그는 선상 기자회견을 통해 '일본의 한국 지배는 한국에 유익하다'는 제목의 친일 성명을 발표하였다.

당시 한국은 그 전해인 1907년에 이완용이 이토 히로부미와 한일신협약(정미7조약)을 체결한 상태였다. 외교권을 박탈당한 을사늑약에 이어 이 조약으로 군대 해산, 사법권 위임, 일본인 차관 채용, 경찰권 위임 등이 이루어지면서 일제의 한국 병탄은 막바지에 이르고 있었다.

다음 날 「샌프란시스코 크로니클」 등에 회견 내용이 보도되자 한인들은 크게 분노했다. 당시 샌프란시스코 한인사회는 하와이 사탕수수 농장에 이민을 왔다가 미주 본토로 들어온 노동자와 유학생, 우국 망명자들이 한인의 권익 신장과 조국 독립운동을 기획하고 있었다.

이들은 한인공동회를 개최하고 최정익·문양목·정재관·이학현 등 4명의 대표를 선발하여 스티븐스가 투숙하고 있는 페어몬트호텔을 찾아가 항의하고 시정을 요구하기로 했다. 대표들은 다음 날 스티븐스를 찾아가 망언에 대한 시정을 요구했지만, 스티븐스는 거부했다.

> "한국에는 이완용 같은 충신이 있고 이토 같은 통감이 있으니, 한국에 큰 행복이요, 동양에 큰 행운이다. 내가 한국 형편을 보니 광무황제의 실덕(失德)이 크고 완고한 무리가 백성의 재산을 강도질하고 백성이 어리석어 독립할 자격이 없으니, 일본서 빼앗지 아니하면 벌써 러시아에 빼앗겼을 것이라고 일본 정책을 도와 말하며 신문에 낸 것이 사실이니 다시 정정할 것이 없다."

크게 분개한 한인 대표들이 스티븐스를 난타하는 등 한 차례 승강이가 벌어진 뒤, 대표들은 호텔에 있던 사람들에게 스티븐스의 망언을 규탄하는 연설을 하고 물러났다. 대표들에게 스티븐스의 망동을 전해 들은 교민들은 격분하지 않을 수 없었다.

그들 가운데 분노하는 데 그치지 않고 즉각적인 응징이 필요하다고 생각했던 이들이 전명운과 장인환이었다. 두 사람은 1905년에 사탕수수 농장의 계약 노동자로 미국에 첫발을 디뎠다가 이듬해 본토로 이주해 온 젊은이였다. 전명운은 따로 스티븐스를 만나러 호텔로 갔으나 면회를 거절당하고 공동회에 돌아왔다.

전명운이 "내가 해치워버리겠다."며 나섰고, 회의장이 가득 차 앉을 자리가 없어서 벽에 기대어 서 있던 장인환은 묵묵히 듣고만 있다가 "어느 분이든지 총 한 자루 사주시오. 내가 그놈을 죽일 터이니."라고 했다고 전한다.

장인환은 1876년 평안남도 평양군 대동면 선교리에서 태어났다. 어려서 부모를 여의고 숙부에게 의탁하여 자랐다. 28살에 하와이 노동 이민자로 미국으로 건너갔다. 하와이의 코할라 사탕수수 농장 등에서 2년 동안 일하고 1906년 8월에 샌프란시스코로 이주했다. 이주 직후 산 아르도(San Ardo)에 가서 철도 공사장에서 두 달간 노동했는데, 거기서 척추를 다쳐 샌프란시스코로 돌아와 치료받았으나 온전히 회복되지 못해 평생을 고생했다.

그러나 민족의식이 남달랐던 그는 샌프란시스코에서 대동보국회:22에 발기인으로 참여하여 활동했다. 의거 직전에는 산호세에 있는 브라운 기숙학교에서 잡일을 하고 있었지만 고국의 상황에는 늘 눈과 귀를 열고 있었다.

:22 대동보국회는 1907년 미국 샌프란시스코에서 장경, 김우제 등이 중심이 되어 조직한 독립운동단체다.

그러나 조국에서 들려오는 을사늑약과 고종의 퇴위, 군대 해산 등 후 일제의 침략 만행 소식은 그를 분개하게 하기에 충분했다.

이들은 각각 스티븐스를 저격해 처단하겠다고 결심하고 행동에 옮겼지만 아무도 이들의 계획을 알지 못했다. 두 사람은 암살 계획을 각각 따로, 단독으로 진행했는데, 그것이 조직 차원의 정교한 계획이 없었는데도 불구하고 거사가 성공할 수 있었던 요인이었다.

의거 후에 두 사람이 재판에 넘겨지자 한인들은 성금을 모아 변호사를 선임했고 유학생이던 신흥우:23가 통역을 맡았다. 애당초 이승만에게 통역을 맡기고자 했으나 그는 샌프란시스코까지 왔다가 자신이 학생 신분이며 기독교도로서 살인자를 변호할 수 없다는 이유를 들어 거부하여 한인사회의 거센 비난을 받았다.

한인사회는 두 사람의 무죄 석방을 위해 각별한 노력을 기울였다. 공립협회와 대동보국회는 의거 당일 밤 9시 30분 한인교회에서 재판후원회를 결성하고, 재판을 돕기 위한 대대적인 의연금 모금 활동을 벌이기로 했다. 이 공동회는 1909년 5월까지 1년여 동안 활동을 벌였는데, 샌프란시스코를 비롯한 미주 본토와 하와이, 멕시코, 국내, 중국, 일본 등 세계 곳곳에서 들어온 의연금 총

:23 일제강점기 배재학당 학당장, YMCA 총무 등을 역임한 개신교인. 미국에서 돌아와 중일전쟁 이후 '기독교의 토착화', '내지 동양화'라는 미명 아래 본격적으로 친일 활동에 나서 일제의 침략전쟁과 일본 정신 선전에 앞장섰다.

액이 8,568달러에 이르렀다. 당시 공립협회나 대동보국회 1년 예산이 1,600~2,000달러였음을 감안하면 의연금 모금 운동이 얼마나 뜨거웠는지 짐작할 수 있다.

조국을 위한 의거로 11년의 징역 생활을 달게 받다

일제는 두 사람이 법정 최고형을 받게 하려고 안간힘을 썼지만, 아일랜드계 미국인 변호사 세 사람의 적극적인 변호에 힘입어 전명운은 1908년 6월 27일 증거 불충분으로 가석방되었다. 장인환은 그해 12월 23일 사형을 면하고 '애국적 환상에 의한 2급 살인죄(Insane Delusion)'로 25년 금고형을 받아 샌 쿠엔틴 형무소에 수감되었다. 배심원들도 이 거사가 애국적 의도에서 비롯한 것이라는 걸 조금이나마 참작한 듯하다.

먹고 살기 위해 이국땅으로 이민 온 무명의 젊은이는 조국을 위한 의거의 결과 11년 동안 징역을 살아야 했다.

장인환은 1919년 1월 가석방됐다. 그는 복역 중 익힌 세탁과 양복 봉제 기술을 살려 샌프란시스코에서 세탁소를 경영하면서 공립협회를 이은 대한인국민회 활동에도 가담하여 민족운동에 힘을 보탰다. 1924년에는 25년 금고형에서 10년 감형 처분이 내려져 법률적으로 완전한 자유의 몸이 되었다. 상항 의거로부터 꼬박 16년이 지난 후였다.

장인환은 1927년 4월 샌프란시스코 일본영사관에서 발급한 여권으로 평양에 귀향했다. 고국을 떠난 지 23년 만이었다. 그의 귀국 소식에 조만식 등 국내 민족운동가들이 귀국환영회를 열어주었다. 6월에는 정의여자고등보통학교 학생과 결혼도 했다. 그러나 사정은 녹록지 않았다. 장인환은 일제가 경계하던 '불령선인'이요, '요시찰인'이었으므로 적지 않은 제약과 탄압을 고스란히 견뎌야 했다. 결국 그는 1년을 채우지 못하고 신혼의 아내를 남겨둔 채 미국으로 돌아갔다. 그러나 미국에서도 상황은 나아지지 않았다. 아내를 데려오려 해도 미국의 까다로운 이민조례에 막혔고, 얼마 뒤에는 어린 딸마저 잃었다는 소식을 들어야 했다.

1930년 5월, 장인환은 지병으로 입원 치료 중에 3층 병실에서 투신하여 스스로 목숨을 거두었다. 향년 54세. 장인환은 북미 국민회에서 치른 한인 사회장으로 샌프란시스코시 남부 교외 콜마(Colma)에 있는 사이프러스 공동묘지에 잠들었다. :24

:24 정부는 1962년 3·1절에 장인환에게 '건국훈장 대통령장'을 추서했다. 1975년
    8월에는 해외 애국지사 유해 본국 이장계획에 따라 그의 유해가 국립서울현
    충원 애국지사묘역에 봉안됐다.

05

세 발의 "탕, 탕, 탕!",
세 번의 "코레아 우라!"

하얼빈에서 한국 침략의 원흉 이토 히로부미를 처단한 30살 안중근

지금까지 전해지는 안중근(1879~1910)의 원본 인물사진은 3장이 있는데 1909년 사진이 2장이고 한 장은 1910년 사진이다. 하얼빈 의거 직후 러시아 경찰에게 체포되어 취조를 받은 뤼순(旅順)의 러시아공사관에서 찍힌 이 사진과 뤼순 감옥 수감 시절에 찍은 초상 사진, 그리고 순국 직전에 어머니가 보내주신 명주옷으로 갈아입고 찍은 전신사진이 그것이다.

사진은 폴로 코트로 추정되는 외투를 말쑥하게 차려입은 모습인데 의거 당시와 같은 차림이다. 갓 서른, 그는 다소 해쓱한 얼굴로 담담하게 정면을 응시하고 있다.

1909년 10월 26일, 안중근은 벨기에제 브라우닝 M1900 권총으로 발사한 세 발의 탄환으로 이토 히로부미(伊藤博文)를 쓰러뜨림

1909년, 30살 안중근
하얼빈 의거 직후 체포되어 뤼순의 러시아공사관에서
조사를 받던 중에 찍힌 사진이다.

으로써 일본의 식민지 지배 야욕을 세계에 알리고 자신의 의거가 국권 회복을 위한 독립전쟁임을 제시했다.

의병투쟁과 단지동맹의 날들

안중근은 1907년 8월 서울에서 군대 해산의 참담한 광경을 목격한 후에 충격을 받아 곧장 망명길에 올랐다. 그동안 국내에서 전개해온 학교 경영 등의 애국계몽운동에 만족하지 못한 그는 북간도를 거쳐 블라디보스토크로 이주하는 길을 택했다.

망명을 결행하기 이전에 의병 투쟁을 염두에 두고 있었던 안중근은 연해주에서 의병을 일으킬 계획을 추진하기 시작했다. 이듬해 4월, 연해주의 한인 마을 연추(煙秋)에서 결성된 무장투쟁 중심의 구국운동 단체 '동의회(同義會)':25의 평의원으로 선출되어 당시 노령(露領):26 지역 한인사회의 지도적 인물이었던 최재형(1858~1920)의 지원을 받아 의병부대를 편성하였다.

안중근은 1908년 여름에 동의회의 의병부대 우영장(右營將)으로 두만강 최하단인 함경북도 경흥군 홍의동에 주둔하던 일본군 수

:25 러시아 공사 이범진(1852~1910)이 주도해 군수금 1만 루블과 함께 자신의 아들 이위종(1887~?)을 보내 조직한 구국운동 단체. 이위종을 회장으로, 최재형을 총재로 선출했다.

:26 러시아의 시베리아 일대. 연해주를 포함하기도 한다.

비대를 급습했다. 이 작전에서 일본군 여러 명을 사살하고 일본군 진지를 점령하는 전과를 올렸다. 그러나 그가 만국공법:27에 따라 석방한 일본군 포로 때문에 부대 위치가 알려지면서 뒤이은 회령 영산 전투에서 크게 패배하였다. 천신만고 끝에 그는 돌아올 수 있었지만, 의병부대는 해체될 수밖에 없었다.

1909년 2월 말, 연추에서 안중근을 중심으로 조직한 일심회의 핵심 12인은 손가락 하나씩을 끊고 동의단지(同義斷指)동맹을 맺었다. 지금 당장에 의병을 일으키지는 못하지만, 그 뜻으로 때를 기다려 다시 창의(倡義)하기를 맹세하기 위해서였다. 그 뒤, 그는 주로 연추 지방에서 대동공보사(大東共報社):28 지국을 운영하는 한편 교육과 강연 활동을 전개하면서 의병 재기의 기회를 기다리고 있었다.

초대 조선 통감 이토 히로부미가 만주를 방문한다는 소식을 전해 듣고, 안중근이 거사를 추진하기 시작한 시기가 이때였다. 그는 "여러 해 소원한 목적을 이제야 이루게 되나니, 늙은 도둑이 내 손에서 끝나는구나." 하며 기뻐했다고 전한다.

:27 만국공법(萬國公法)은 1836년에 헨리 휘튼(Henry Wheaton)이 펴낸 국제법 책으로 19세기 중후반께 동아시아에서 '국제법'을 가리키는 일반적 명칭으로 쓰였다.

:28 1908년에, 러시아 블라디보스토크에서 교포 단체인 한국국민회의 기관지로 창간한 교민 단체 신문. 블라디보스토크에서 발행되던 「해조신문(海朝新聞)」이 운영난으로 폐간된 뒤 바로 나왔다.

이토 히로부미, 용서할 수 없는 자를 처단하기로 결심하다

이토 히로부미(1841~1909)는 메이지유신의 주역인 사이고 다카모리의 정한론(征韓論)을 실천하여 일제의 조선 침략을 사실상 완성한 인물이었다. 러일전쟁 승리 이후 한국 침략을 본격화하면서 1905년 한국에 파견된 이토는 강압적인 수단을 동원하여 을사늑약을 마무리했다. 한국의 외교권을 빼앗은 이토는 이듬해 통감부를 설치하고 스스로 초대 통감이 되어 이후 대한제국 접수 공작을 본격화했다.

1907년 헤이그 특사 사건을 빌미로 이토는 고종을 강제 퇴위시키고 한일신협약에 따라 각 부처 차관을 일본인으로 임명하는, 이른바 '차관정치'로 대한제국의 국정을 장악했다. 이후 군대 해산과 경찰권 위임 등으로 대한제국은 거의 껍데기만 남은 상태가 되었으니 이러한 대한제국의 침탈을 주도한 자가 바로 이토였다. 그는 한국침략의 원흉이자 동양 평화의 교란자로서 이미 한국 독립운동가의 표적이 되어 있었다.

1905년에 일본은 대한제국에서 주도권을 노리는 러시아와 맞붙었던 러일전쟁(1904~1905)에서 승리했다. 그러나 양국은 여전히 만주와 한반도의 이해를 두고 끊임없이 갈등을 빚었다. 이토 히로부미가 하얼빈을 찾은 것은 러시아의 재무장관 코콥초프와 한국은 물론 만주와 몽골 지배를 두고 러시아와 협상을 벌이기 위해서였다.

러일전쟁 이후 러시아와 일본은 포츠머스 조약:29 당시의 전선을 기준으로 만주를 나누어 가져 뤼순과 다롄(大連)을 포함한 남만주는 일본이, 동청철도:30를 중심으로 한 북만주는 러시아 영역이었다. 하얼빈은 북만주의 중심 도시로 20세기 초 극동 아시아에서 국제도시로 성장해 있었다.

안중근은 한 해 전에 국내 진공 전투를 같이한 우덕순(1876~1950)과 함께 1909년 10월 20일에 블라디보스토크를 출발, 중도에 중국과의 접경 도시인 포그라니치니에서 동지의 아들 유동하(1892~1918)를 통역으로 동반하여 다음 날 하얼빈에 도착했다.

하얼빈에 닿자, 안중근은 열일곱 살 유동하에게 이토 저격 계획을 알리고 협조를 약속받았다. 23일 세 사람은 사진관을 찾아가 의거 기념사진을 찍고 거사를 같이할 동지로 조도선(1879~?)을 맞아들였다. 이토 처단 계획은 2단계로 세워졌다. 1차로 우덕순과 조도선이 하얼빈에서 가장 가까운 남청 열차가 교차하는 정거장인 채가구 역에서 대기하다가 이토가 탄 특별 열차가 채가구에서 정지하면 기차에 뛰어올라 이토를 공격하고, 이것이 실패하면 2차로 하얼빈역에서 안중근이 이토를 처단하기로 한 것이다.

:29 러일전쟁을 마무리하기 위해 1905년에 미국 포츠머스에서 일본과 러시아 간에 체결된 강화조약.

:30 하얼빈을 중심으로 하여 만저우리(만주리)와 쑤이펀허(수분하), 그리고 다롄을 잇는 철도 노선.

1909년 10월 26일, 하얼빈, 그리고 '코레아 우라'

애당초 25일에 하얼빈에 도착하기로 했던 이토의 일정은 하루 늦어졌다. 26일 오전 7시쯤 하얼빈역에 나간 안중근은 소년 유동하를 타일러 돌려보내고 단신으로 러시아 병사들의 삼엄한 경비망을 뚫고 역 구내 찻집에 들어가 이토 일행이 나타나기를 기다렸다.

채가구의 거사 계획은 불발했다. 10월 24일 채가구에 우덕순, 조도선 두 동지를 데려다주러 왔다가 작별하면서 서로 부둥켜안고 우는 것을 본 러시아 경비병은 이를 수상히 여겼다. 이에 경비병이 이토가 탄 특별 열차가 지나가는 시간에 우덕순, 조도선 등이 투숙하고 있는 역 구내의 여인숙 문을 밖에서 잠가버린 것이었다.

26일 오전 9시, 특별 열차가 하얼빈역 구내에 멈춰 섰고, 대기 중이던 코콥초프가 수행원과 함께 기내에 들어가 이토를 영접했다. 약 20분 뒤에 이토가 러시아 관원들의 호위 속에 각국 영사들이 늘어선 데로 걸어 나왔다. 의장대 뒤에서 기회를 엿보던 안중근은 이토가 10여 걸음 떨어진 곳에 이르렀을 때, 브라우닝 권총을 꺼내 이토를 향해 쏘았다. 제국주의 일본의 무도한 침략을 단죄하는 정의의 일격이었다.

첫 번째 탄환은 이토의 가슴에 명중했고, 두 번째 탄환도 그의 흉부를 맞혔다. 세 번째 탄환이 복부를 관통하자 이토 히로부미는 그 자리에서 고꾸라졌다. :31 이토의 얼굴을 정확히 몰랐던 안중근은 뒤따르던 일본인들에게 네 발을 더 쏘았다. 이토를 수행한 하얼빈 일본 총영사와 궁내부 비서관, 남만주철도주식회사의 이사 2명 등이 중경상을 입고 쓰러졌다.

안중근은 이토가 쓰러진 걸 확인하고 "코레아 우라(대한 만세)!"를 세 번 외치고, 러시아 헌병 장교에게 체포되었다. 이때를 안중근은 9시 30분으로 기억했다. 이토는 열차로 옮겨져 응급 치료를 받았으나 20여 분 만에 절명했다.

체포된 안중근은 역 구내 러시아 헌병대 분소에서 러시아 쪽의 심문을 받으면서 "이름은 안응칠(安應七), 나이는 서른하나, 대한의군:32 참모중장 겸 특파 독립대장 신분으로 독립전쟁 중 적의 수괴를 처단 응징하였다."고 밝혔다. 그는 그날 밤, 일본영사관 지하 감방에 구금되었고 우덕순·조도선·유동하 외 11명도 관련자로 체포·구금됐다.

그 후, 안중근은 뤼순에서 한 달여 동안 강도 높은 심문을 받

:31 존 브라우닝이 만든 권총 M1900은 역사상 최초의 자동권총으로 당시에 주로 쓰였던 리볼버(육혈포)에 비해 파괴력은 다소 약하지만, 긴급 상황에서도 손쉽게 여러 표적을 향해 연발 사격할 수 있었다. 반동도 리볼버보다 작아 한 손으로도 정확히 표적을 겨냥해 사격할 수 있다. 7발이 모두 명중한 것은 안중근의 출중한 사격 실력과 함께 총의 특성 때문이었다.

:32 대한의군은 그가 우영장으로 이끈 동의회의 의병부대를 가리키는 듯하나 이와 관련한 정확한 기록은 찾지 못했다.

았고 일제는 그를 극형에 처하기로 했다. 일제는 강제 합병을 추진하고 있는 시기에 안중근 거사의 영향을 저어하여 외무대신이 '중형 징벌' 방침을 전달하고, 뤼순의 고등법원장을 본국으로 불러 '사형판결'을 위한 공판 개정을 다짐받기까지 했다.

안중근의 법정 투쟁

안중근의 공판은 1910년 2월 7일부터 뤼순의 관동도독부 지방법원에서 마나베 주조(眞鍋十藏) 재판장의 단독심리로 열렸다. 변호는 허락됐지만, 국내에서 모친 등이 보낸 한국인 변호사와 연해주에서 파견한 러시아, 영국 등 외국인 변호사는 모두 불허하고 일본인 관선 변호사만으로 재판이 진행되었다.

안중근은 공판에서 범행 후 자살하려 했는가 하는 물음에 의거의 목적은 한국의 독립과 동양 평화의 유지에 있으며, 이토 하나 죽이고 자살한다는 건 생각지 않았다고 밝혔다.[33] 그는 또 자신이 한국의 의군 참모중장으로 독립전쟁을 하고 있으므로 형사범이 아니라 '전쟁포로'라고 주장하면서 일본재판소에서 재판받을 의무가 없음을 밝혔다.

[33] 안중근이 8연발 브라우닝 권총에서 1발을 남긴 이유를 세간에서는 자결용으로 해석했으나, 공판 과정에서 "이토가 이미 쓰러져 더 쏠 필요가 없었기 때문"이라고 진술했다.

그는 이후 당당한 논리로 재판에 적극적으로 임하여 한국 '보호'를 빙자하면서 병합의 야욕을 버리지 않고 병탄의 길로 치닫고 있음을 밝혀냈다. 그는 또 이토의 죄상을 ▲명성황후 살해 ▲ 1905년 을사늑약 강제 ▲ 1907년 정미7조약(한일신협약) 강제 ▲ 고종 퇴위 강제 ▲군대 해산 ▲의병 등 양민 살해 등 15개로 낱낱이 제시하였다.

이처럼 안중근은 재판을 통해 일제의 침략 상황을 세상에 알렸고, 일제는 6회로 공판을 마감했다. 재판 이후 영국 신문 「더 그래픽」은 기사(1910.4.16.)에서 "세계적인 재판의 승리자는 안중근이었으며 그의 입을 통해 이토는 한낱 파렴치한 독재자로 전락했다."라고 보도했다.

1910년 2월 14일에 열린 선고 공판에서 재판장은 일제의 요구대로 안중근에게 사형, 우덕순에게는 징역 3년, 조도선과 유동하에게는 징역 1년 6월을 선고하였다. 안중근은 상고하지 않았는데, 이는 모친의 권고와 안중근 자신의 결연한 의지였다.

안중근은 뤼순 감옥에서 자서전 『안응칠 역사』를 1909년 12월 13일에 쓰기 시작해 1910년 3월 15일에 완성했지만, 1910년 3월에 쓰기 시작한 동양 평화 실현을 위한 논책 『동양평화론』은 미완성으로 남았다. 그는 이 논책을 완성하려고 일제 고등법원장에게 3월 25일로 예정된 사형 집행을 15일 정도 연기해달라고 요청하여 허가를 받았으나 일제는 약속을 어기고 형 집행에 들어갔다.

사형을 선고받은 안중근은 당시 천주교 조선대목구(현재 천주교 서울대교구) 대목구장 뮈텔(Mutel, 1854~1933) 주교에게 전보를 보내 사제를 보내달라고 요청했고 자신의 사형 집행일로 성(聖)금요일을 희망한다는 뜻을 전했다.

사형 선고, 안중근의 작별 인사

안중근은 순국 전에 가족에게 장남 분도를 사제로 키워달라고 부탁할 만큼 독실한 가톨릭 신자였다. 그러나 조선 가톨릭교회의 프랑스인 주교 뮈텔은 "암살자가 천주교 신자일 수 없다."라고 하며 안중근의 종부성사마저 거부했다. :34 뮈텔은 대한제국 말기와 일제강점기 때 무려 43년 동안 한국 가톨릭의 수장이었던 인물로 안중근의 천주교 신자 자격을 박탈하고, 안중근의 동생 안명근이 데라우치 총독 암살을 꾀하고 있는 사실을 일제에 밀고(1911년 1월 11일 일기)하는 등의 친일 행적으로 논란이 된 인물이었다.

그러나 황해도에서 안중근과 함께 선교했던 황해도 신천 본당 주임 신부인 프랑스인 니콜라 조제프 빌렘(Nicolas Joseph Marie Willhelm, 한국명 홍석구, 1860~1936)은 주교의 명령을 어기고 안중근을

:34 종부성사(終傅聖事)는 마지막 숨을 거둘 때 행하는 성사로, 의식이 있을 때 신부를 청하여 종부성사를 받는데, 오늘날에는 명칭이 바뀌어 병자성사(病者聖事)라고 한다. 안중근이 한국 가톨릭교회에서 공식 복권된 것은 1993년 이었다. 2010년에는 명동성당에서 안중근 순국 100주년 미사가 봉헌되었다.

면회한 뒤 고해성사(3.9.)와 종부성사(3.10.)를 집행했다. 이에 뮈텔은 빌렘 신부에게 사제로 활동할 수 없게 '성사 집행중지 처분'을 내려 문책했다.(뒤에 빌렘은 교황청 법원에 항소, '특별상황의 정당성'을 인정받았다)

3월 25일, 통감부의 요청으로 사형 집행이 연기됐다. 25일은 대한제국 순종 황제가 태어난 건원절이었기 때문이다. 안중근은 면회 온 두 동생 정근과 공근에게 노모의 안부를 묻고 불효의 죄에 대한 용서를 청했고 장남 분도를 가톨릭 사제로 길러달라고 부탁했다.

3월 26일은 토요일이었다. 그의 요청으로 고국의 어머니가 주문해 지은 명주옷으로 갈아입은 모습은 의연했다. 안중근은 마지막으로 만난 동생들에게 유언을 남겼다. :35

> "내가 죽은 뒤에 나의 뼈를 하얼빈 공원 곁에 묻어두었다가 우리 국권이 회복되거든 고국으로 반장:36해다오. 나는 천국에 가서도 또한 마땅히 우리나라의 회복을 위해 힘쓸 것이다. 너희들은 돌아가서 동포들에게 각각 모두 나라의 책임을 지고

:35 지금까지 어머니 조마리아의 '편지'가 있었다고 알려졌으나, 편지는 없었고 짧은 전언만 있었다. 또한 '너의 죽음이 조선인의 공분을 짊어지고 있다', '항소해 목숨을 구걸하지 말라', '수의를 지어 보내니 입고 가라'는 등의 편지 내용도 상당 부분 조작된 것이었음이 2023년 도진순 교수의 논문으로 밝혀졌다.

:36 '반장(返葬)'은 "객지에서 죽은 사람을 그가 살던 곳이나 그의 고향으로 옮겨서 장사를 지냄"

국민 된 의무를 다하며 마음을 같이 하고 힘을 합하여 공로를 세우고 업을 이르도록 일러다오. 대한독립의 소리가 천국에 들려오면 나는 마땅히 춤추며 만세를 부를 것이다."

1910년 3월 26일은 하얼빈에서 이토를 처단한 지 꼭 다섯 달 만이요, 일제의 법정에서 사형을 선고받은 지 한 달 열흘째였다. 안중근의 사형 집행 현장에 참석한 사람은 검찰관 미조부치(溝淵)와 교도소장 구리하라(栗原)였다. 오전 10시에 교수형이 집행되었고, 11분 후 재판 과정에서 국제법에 따라 전쟁포로로 대우해달라던 대한의군 참모중장 안중근의 숨이 끊어졌다. 향년 31세였다.

그가 순국한 뒤, 둘째 동생인 안정근이 유해를 한국으로 옮겨 매장할 수 있도록 요청했으나 일본 당국은 "유해는 다른 사형수와 동일하게 감옥이 관리하는 사형수 공동묘지에 매장될 것"이라며 요청을 거부했다. 그의 시신은 뤼순 감옥의 간수가 감옥 뒷산에 매장하였다.

1945년 11월 중국에서 귀국한 백범 김구는 순국한 독립투사들의 유골을 찾아 국내로 봉환하기 시작했다. 이듬해 6월, 백범은 일본에서 윤봉길·이봉창·백정기 등 삼 의사의 유골을 봉환하여 효창공원에 안장하면서 안중근의 '허묘(虛墓)'를 만들었다.

허묘는 안 의사의 시신을 반드시 찾겠다는 백범의 의지를 보여주는 것이었지만, 그 역시 뜻을 이루지 못하고 1949년에 흉탄에 쓰러졌다. 2008년 남북 정부는 광복 이후 처음으로 안중근 의사 유해 공동 발굴에 나섰지만 실패했고 2025년 현재까지도 우리 정부는 공식적으로 유해가 묻힌 곳을 찾지 못하고 있다.

안중근에게는 1962년 건국훈장 대한민국장에 추서되었다. 그의 집안은 아우 정근(1885~1949)과 공근(1889~1940) 등 11명의 독립 유공자를 냈다. 정근은 청산리 전투에 참여했고, 임정에서 일했으며, 그의 차녀 미생(1919~2008)은 김구의 비서로 활동하다 김구의 아들 김인과 결혼했다. 공근은 한인애국단 단장을 지냈지만, 1940년 행방불명되었다. 안중근의 집안은 모두 40여 명이 독립운동에 헌신한 '독립운동의 명문가'이기도 하다.

06

이토가 처단되었으니,
을사오적을 처단하리라

매국노 이완용을 비수로 찔러 치명상을 입힌 22살 이재명

언제 찍은 사진인지는 알 수 없다. 오른쪽 어깨 위 여백에 세로로 쓰인 '대한의사(大韓義士) 이재명 군(李在明君)'이라는 글씨는 아마의거 후에 그를 기리는 누군가가 써 넣은 것인 듯하다.

그는 넥타이에 슈트 차림인데, 흑백 사진이어서 색깔은 분간할수 없다. 아무리 늦게 잡아도 1909년 말 이전에 찍은 사진일 터인데 헤어스타일은 세련되고 깔끔하다. 도시 출신인 데다 미국으로노동 이민을 다녀온 이력이 있어서일까. 단정한 얼굴에 표정도 의젓하지만, 그에겐 아직 앳된 티가 남아 있다.

1909년 12월 23일 오전 11시 30분께 이재명(1887~1910)은 종현천주교회(명동성당) 문밖에서 기다리다가 이완용이 인력거를 타고그의 앞을 지나갈 때 비수를 들고 이완용에게 달려들었다. 이재

1909년 이전, 20대 이재명
촬영 시기를 알 수 없으나 경성에서 찍은 사진으로 추정된다.

명은 허리를 찔러 이완용이 인력거 아래로 떨어지자, 그를 타고 앉아 어깨 등을 사정없이 난자하였다. 이완용은 치명상을 입었으나 병원으로 후송되어 외과수술로 간신히 목숨을 건졌다.

매국노 이완용의 처단자는 스물둘 청년

거사 소식은 이내 온 나라에 알려졌다. 두 달 전에 안중근이 이토 히로부미를 처단한 소식에 환호했던 사람들은 이재명의 거사 실패를 몹시 안타까워하였다. 구례의 선비 매천 황현(1855~1910)은 이 거사를 상세하게 기록했다.

> 23일[음력 10월 11일 정사(丁巳)]에 이재명이 이완용을 칼로 찔렀지만 죽이지는 못했다. 이재명은 평양 사람으로, 이때 나이 21세:37였다. 6년 전 미국에 유학 갔다가 돌아온 뒤로 언제나 국치(國恥)를 생각하며 분을 풀지 못했다. 이때 합병론이 일어나자 탄식하며 말했다.
> "이용구를 죽이지 않을 수 없다."
> 얼마 뒤에 다시 말했다.
> "화의 근원은 이완용이다." (후략)
> - 황현, 『매천야록』(허경진 옮김, 서해문집, 2006) 중에서

:37 이재명은 1887년생이니 1909년에는 22세다.

이재명은 평안북도 선천 사람이다. 어릴 때 평양으로 이주하여 개신교계 사립학교인 일신학교를 졸업했다. 1904년 미국 노동이민 회사의 이민 모집에 응하여 하와이로 가 농부로 일하다가 1906년 3월 다시 미국으로 건너가서 안창호가 샌프란시스코에서 설립한 애국계몽운동 단체인 공립협회에 들어가 활동하였다.

을사늑약(1905)과 한일신협약(1907)이 체결된 뒤, 1907년 공립협회에서 '나라를 팔아먹은 도적[매국적(賣國賊)]'의 숙청을 결의하자 자원하여 그해 10월 고국으로 돌아왔다. 귀국 후 중국과 노령 등 각지를 돌아다니면서 일제 침략 원흉들과 매국노들을 처단할 동지를 규합하고 때를 기다렸다.

1909년 1월 순종 황제의 평안도 순시 때 이토 히로부미가 동행한다는 사실을 알고 이들을 처단하고자 동지 몇 사람과 함께 평양역에서 대기하였다. 그러나 거사는 안창호의 만류로 중지되고 말았다. 안창호는 이토가 제 신변의 위험을 염려해 순종 곁을 떠나지 않으니, 황제의 안전을 위해서 발포를 말린 것이었다.

그러나 이재명은 이토 처단에 대한 뜻을 꺾지 않았다. 그는 동지 김병록과 함께 블라디보스토크로 건너가 기회를 엿보고 있었다. 그러다가 안중근 의사가 하얼빈에서 이토를 처단하였다는 소식을 듣고 귀국하였다. 그는 침략의 원흉들보다 나라를 파는 데 앞장선 이완용을 비롯한 을사오적을 먼저 처단하기로 계획을 바꾸었다.

안중근이 처단한 이토의 장례식이 끝난 지 한 달 뒤에 친일 단

체 일진회:38는 정부에 '한일합방'에 대한 상주문(上奏文)과 의견서를 제출하고 합방 성명을 발표했다. 이들은 이 문건을 조선 식민화를 주도한 가쓰라 다로(桂太郎):39 등과 국내 각 지방관청과 사회 각계에까지 보냈다.

일진회의 합방 성명이 발표되자, 대한협회:40 등이 원각사에 모여 성토대회를 열었고, 「대한매일신보」는 사설로 일진회의 기만성을 통렬하게 꾸짖었다. 일진회가 앞서가자, 이완용은 일진회의 주도로 합방이 이루어지기 전에 자신이 합방의 공로자가 되고자 일본에 합방을 청원하는 한편 일진회원을 매수하거나 일진회를 무력화시키려 했다.

이재명은 일진회와 보이지 않는 충성 경쟁을 벌이며 확고한 정치적 지위를 확보하는 데 골몰하는 이완용이 자신의 권력을 연장하고자 한일 강제 병합을 주도하는 것으로 인식했다. 이재명은 그를 척살하여 민족적 위기를 극복하고자 했다.

:38 1904년에서 1910년 사이 송병준의 유신회를 개칭한 일진회에 이용구의 진보회를 흡수 통합한 친일 단체.

:39 일본의 11대(1901~1906)와 13대(1908~1011) 내각 총리대신. 조선의 식민화를 주도하여 1905년 7월 29일에는 미국의 윌리엄 하워드 태프트와 가쓰라-태프트 밀약을 맺었다. 두 번째 총리대신 때 한일 강제 병합을 성사했다.

:40 1907년 11월에 서울에서 조직되어 1910년 9월 국권피탈 직후까지 활동한 정치단체.

비수를 든 군밤 장수, 이완용을 덮치다

1909년 11월 하순, 이재명과 동지들은 평양 경흥학교 안 야학당에서 이들 매국적에 대한 처단 계획을 확정했다. 그와 이동수(1883~1944)·김병록(1885~미상)이 이완용을 처단하고, 김정익(1890~미상)과 조창호(1881~1936)는 일진회의 이용구를 처단하기로 했다.

거사 준비 중에 신문 보도를 통해 이완용을 비롯한 국적들이 12월 23일 오전 종현천주교회당(명동성당)에서 벨기에 황제 레오폴드 2세의 추도식에 참석한다는 것을 알았다. 12월 23일 오전 11시 30분께 이재명은 성당 문밖에서 군밤 장수로 변장하고 이완용을 기다렸다.

인력거를 탄 이완용이 그의 앞을 지나갈 때 이재명은 비수를 들고 이완용에게 달려들었다. 그의 공격은 주효하여 인력거 주변은 피가 흥건하게 흘렀다. 목적을 이루었다고 여긴 이재명은 대한독립 만세를 외치다가 일본 순사의 군도에 왼쪽 넓적다리를 찔려 중상을 입고 잡혔다.

이때 그는 조금도 두려워하는 기색 없이 유유자적하게 운집한 구경꾼들에게 담배를 얻어 태웠다고 한다. 그를 가로막은 인력거 꾼은 절명했으며, 이완용은 갈비뼈 사이로 폐를 찔리는 등 치명상을 입었으나 대한의원(현 서울대학교병원의 전신)으로 후송돼 일본인 의사들의 외과 수술로 겨우 목숨을 건졌다.

이재명의 거사 며칠 전, 백범 김구는 경성 가는 길에 황해도 안악에서 노백린:41을 만나고 있었는데, 동네에서 어떤 젊은이가 총을 쏘고 난리를 피우면서 아내를 죽이려 한다는 소동이 일어나 그를 만난 적이 있었다. 그는 인근 진초학교 여교사 오인성(1891~?)의 남편이었는데, 이완용을 죽이겠다는 자신을 아내가 만류하자 여자가 나라 중한 것을 모른다고 화를 낸 것이었다.

그를 '시세의 격변 때문에 헛된 열정에 들뜬 청년'으로 보았던 김구와 노백린은 그를 설득하여 후일을 도모하자며 총과 칼을 맡아두었다. 이재명의 의거 소식을 들은 김구는 다음과 같이 기록하고 있다.

> 뉘가 알았으랴. 그가 며칠 후 경성 이현에서 군밤 장수로 가장하고서 충천하는 의기를 품고 이완용을 저격하여 조선 천지를 진동하게 할 이재명 의사인 줄을. 그는 먼저 인력거를 끄는 차부(車夫)를 죽이고 이완용의 생명은 다 빼앗지 못하고 체포되어 순국하였던 것이다. (중략) 나는 깜짝 놀랐다. 이 의사가 단총을 사용하였다면 국적 이완용의 목숨을 확실히 끊었을 것인데, 눈먼 우리가 간섭하여 무기를 빼앗는 바람에 충분한 성공

:41 노백린(1876~1925)은 일본으로 유학 가서 일본 육군군관학교를 졸업하고 귀국하여 대한제국의 군 요직을 두루 거쳤으나 국권을 빼앗기자 1919년 중국으로 망명하여 상하이 임시정부 군무총장을 지낸 독립운동가다.

을 못 한 것이다. 한탄과 후회가 그치지 않았다.

- 김구, 『백범일지』(돌베개, 2014) 중에서 :42

이재명은 이완용에 대한 살인 미수, 인력거꾼 살해 혐의로 재판에 넘겨졌다. 서울지방재판소의 공판 중에 그는 방청석을 향해 "몸을 바쳐 나라를 구하라."고 부르짖었다. 일본인 재판장이 "피고와 같이 흉행(兇行)한 사람이 몇이나 되는가?" 하고 묻자, 눈을 부릅뜨고 "야만 섬나라의 불학무식한 놈아! 너는 '흉(凶)' 자만 알았지 '의(義)' 자는 모르느냐? 나는 흉행이 아니고 당당한 의행(義行)을 한 것이다."라고 고함을 치기도 하였다.

또 재판장이 "그러면 피고의 일에 찬성한 사람은 몇이나 되는가?"라고 물었을 때, "2천만 민족이다."라고 대답하자, 창밖에서 "옳다!" 하는 소리와 함께 흥분한 방청객들이 유리창을 부수기도 했다. 그는 재판장에게 "야만 왜종(倭種)들은 퇴청시켜라. 그리고 창밖에 나열한 한국인을 모두 입장시켜라. 그렇지 않으면 나는 너의 심문에 대답하지 않겠다." 하고 호령하기도 했다.

공판정에서 일본인 검사가 이재명에게 사형을 구형하자 부인

:42 이재명 재판의 판결문에는 그가 명동성당 앞에서 김태선에게 건네받은 단총 한 자루를 몸에 지니고 있었다고 기록되어 있고, 공판에서도 권총을 지니고 있었는지를 묻는 재판장의 심문에 이재명이 그렇다고 답변하였다. 그런데 왜 그가 권총 대신 단도를 썼는지는 밝혀지지 않았다.

오인성이 뛰어나오면서 "국적 이완용을 죽이려 한 이재명은 당당한 애국지사다. 무슨 죄로 사형이냐, 애국지사를 사형에 처하려면 나도 사형에 처하여라!" 하고 검사에게 달려드니 수위들이 제지하였다. 이재명이 이완용을 처단하겠다고 했을 때 만류했던 부인도 마침내 그 뜻을 받아들인 것이었다. 1910년 5월 18일 이재명에게 사형이 선고되었다. 그는 최후 진술에서 이렇게 말했다.

> "공평치 못한 법률로 나의 생명을 빼앗지마는 국가를 위한 나의 충성된 혼과 의로운 혼백은 가히 빼앗지 못할 것이니, 한 번 죽음은 아깝지 아니하거니와 생전에 이룩하지 못한 한을 기어이 설욕 신장(伸張)하리라."

실패한 거사, 그리고 안중근의 뒤를 따르다

이재명에 대한 사형은 1910년 9월 30일, 경성 감옥(뒷날의 서대문 형무소) 형장에서 집행되었다. 향년 23세. 짧지만 불꽃 같은 생애였다. 그가 일찍이 처단하고자 한 이토 히로부미를 척살한 안중근 의사가 만주 뤼순 감옥에서 처형되어 순국(1910.3.26.)한 지 6개월 뒤, 청년 이재명도 안중근을 뒤따랐다. :43

:43 1962년, 정부에서는 이재명에게 건국훈장 대통령장을 추서하였다. 1999년 서울시에서는 의거 현장인 명동성당 입구 쪽에 의거 터 표석을 세웠다.

망국민의 삶은 애국과 매국의 선택에서 극단으로 엇갈렸다. 이재명의 칼끝에서 겨우 살아남은 이완용은 피습 이후 강제병합 조약을 체결하고 그 매국의 상급(賞給)으로 백작 작위를 받았다. 이완용은 조선총독부 중추원 고문을 거쳐 1920년 후작 작위까지 받고 떵떵거리며 살다가 1926년에 69세로 늙어 죽었다. 그러나 그는 지금 한국 근대사에서 가장 추악한 친일 부역의 매국노로만 기억되는 비루한 인간일 뿐이다.

이재명 의거는 1908년 샌프란시스코의 장인환·전명운 의거를 이은 의열투쟁이었다. 이후, 의열투쟁은 대한광복회, 의열단, 한인애국단 등의 조직이 지속적으로 수행함으로써 적지 않은 성과를 내면서 이어졌다. 침략의 원흉이나 매국노 한둘을 처단한다고 해서 당장 독립이 이루어지는 것은 아니었지만, 의열투쟁은 식민 지배에 억눌린 겨레에게 민족적 정체성을 일깨우고, 독립이 모두의 소망이라는 사실을 확인하게 해주는 것이었다.

07 감시 대상 '12310'번 의열단원의 찬란하고 슬픈 독립투쟁

조선총독부에 폭탄을 투척한 26살 김익상

요즘처럼 일상에서 마음만 먹으면 어디서나 사진을 찍고 그걸 갈무리할 수 있는 시대가 아니었다. 그렇다고는 해도 거친 해상도에다 낡아서 여기저기 구겨지고 흠집이 있는 사진 속의 독립운동가를 바라보는 마음은 먹먹하다. 일제의 감시 대상 인물 카드 속의 사진들은 그들이 감내해야 했던 감시와 탄압의 시간을 실증하고 있으니 더욱 그렇다.

'12310'이라는 번호가 매겨진 카드 속의 양복을 입은 옆 모습을 보이는 이는 의열단원 김익상(1895~1941)이다. 감시 대상 인물 카드는 일제 경찰이 감시 대상으로 삼은 인물들의 신상 카드로 김익상의 카드는 참고용으로 만든 것으로 보인다. 그는 수배된 적도, 국내에서 복역한 적도 없기 때문이다.

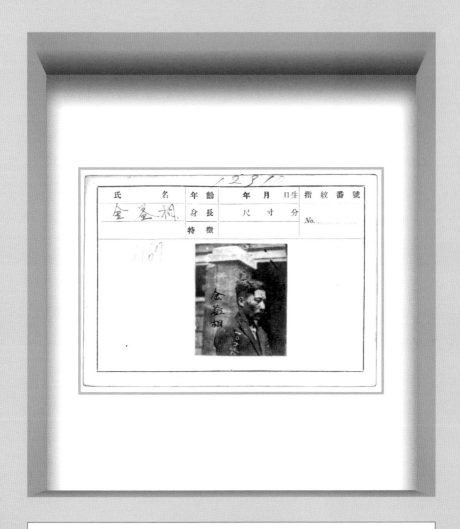

氏　　名	年　齡	年　月　日生	指　紋　番　號
金益相	身　長	尺　寸　分	No.............
	特　徵		

1919년, 24살 김익상
조선총독부 경기도 경찰부에서 만든
일제 감시 대상 인물 카드에 붙어 있는 사진이다.

김익상의 사진은 의열단원 정이소의 서울 서대문형무소 수형 기록 카드에 남아 있는, 1920년 3월께로 추정되는 의열단 창립 초기 단원들의 모습 속에도 있다. 단장 김원봉과 부단장 곽재기를 비롯해 강세우·김기득·이성우 등 창립 초기 단원들이 모여 찍은 이 사진은 의열단 초기 단체 사진으로는 유일한 것이라고 한다. 이 사진 속에 김익상은 조그만 원형 사진으로 김원봉 아래 편집되어 있다.

시대도 시대였지만, 의열단원은 신분 노출을 꺼려 사진을 거의 찍지 않은 것으로 알려졌다. 암살과 파괴 활동이 중심인 의열단은 당시 일본 경찰의 최우선 추적·수배 대상이었다. 이런 상황에서 사진으로 얼굴이 드러나면 작전 수행 뒤 탈출과 도피에 지장을 주므로 사진을 좀처럼 찍지 않았고 찍더라도 원판은 철저히 회수하는 게 원칙이었다.

1919년 거족적으로 펼쳐진 3·1운동을 겪은 뒤, 해외로 망명한 독립운동가들은 일제의 무력에 대항하여 독립을 쟁취하려면 더 강력한 조직이 필요하다고 생각했다. 이들은 일부 민족주의자들의 문화주의·외교론·준비론 등의 타협주의적 독립운동 노선을 배격하고, 오직 폭력적 민중혁명으로 일제의 타도하겠다는 전술을 채택했다.

'의열단'은 1919년 11월에 중국에서 조직된 급진적 민족주의 노선의 항일 비밀 결사로, 조선 총독 이하 고관 및 친일파 거두와 밀정 등을 '7가살'로 규정하고 일제 식민 통치 기관을 파괴 대상으로 하여 의열투쟁을 전개하고 있었다. 이미 박재혁 의사의 부산 경찰서 폭탄 투척 의거(1920.9.)와 최수봉 의사의 밀양경찰서 폭탄 투척 의거(1920.12.)가 각각 수행된 바 있었다.

청년 노동자, 비행사를 꿈꾸다 의열단원이 되다

김익상은 경기도 고양군 용강문 공덕리(지금의 서울 마포구 공덕동) 출신이다. 어려서 삼호 보성소학교에 다녔으나 부친의 사업 실패로 형편이 어려워져 학업을 마치지 못하고 평양과 서울 등지에서 철공소 공원과 전기수리공으로 생계를 이어가야 했다.

1919년 담배 회사인 광성연초회사로 직장을 옮긴 뒤 1921년에 중국 펑톈(奉天)지점의 기계 감독으로 발령을 받았다. 비행사를 꿈꾸던 그는 중국으로 건너간 뒤 비행학교에 들어가고자 광둥(廣東)으로 갔지만, 당시 광둥의 호법 정부:44는 북벌에 바빠 비행학교를 운영하지 않아서 꿈을 접고 베이징으로 갔다.

김익상은 베이징에서 김창숙의 소개로 의열단장 김원봉과 만나 의열단에 가입했는데 이는 그의 운명을 바꾸었다. 김익상은 김

:44 중국국민당이 광저우에서 중화민국 북양 정부의 수장 돤치루이의 독재에 대항하기 위해 세운 군사정부.

원봉과 함께 일제 식민 통치의 심장부인 조선총독부 폭파를 계획하였다. 곧 조선 총독 사이토 마코토(齋藤實)를 처단하기로 하고 폭탄 2개와 권총 두 자루를 받아 1921년 9월 10일 베이징을 떠나 다음 날 경성에 도착하였다.

1921년 9월 12일은 월요일이었다. 오전 10시 20분께, 전기수리공 차림의 젊은이가 서울 남산 왜성대에 있는 조선총독부 청사에 나타났다. 전기 시설을 수리하러 온 것처럼 태연하게 조선총독부 청사로 들어온 청년은 2층으로 올라가 비서(祕書)과에 폭탄을 던진 다음, 회계과장실에도 폭탄을 던져 넣었다.

비서과에 던진 폭탄은 터지지 않았으나 회계과장실에 던진 폭탄은 굉음과 함께 폭발했고, 일본 헌병들이 놀라 뛰어 올라왔다. 청년은 대담하게 아래층으로 내려오면서 이들에게 "아부나이(위험하다), 아부나이!"라는 말을 남기고 유유히 조선총독부 청사를 빠져나갔다.

이상이 이튿날, 「동아일보」가 '총독부에 폭발탄!'이라는 제목으로 특종 보도한 조선총독부 폭탄 투척 의거다. 총독부에 폭탄을 던진 이는 무려 여섯 달 이상이 지난 다음 해 1922년 3월 말에야 밝혀졌는데, 상하이 부두에서 일본육군 대장 다나카 기이치를 처단하려다가 현장에서 체포된 김익상이었다.

뒷날 밝혀진 바에 따르면 김익상은 조선 총독의 집무실로 판단하고 폭탄을 던졌지만, 그곳은 애석하게도 비서실이었고, 설상가상으로 폭탄마저 불발했다. 뒤이어 회계과장실에 폭탄을 던졌는데 폭탄은 터졌지만, 실내에는 아무도 없었다. 총독 사이토 마코토는 지방 외유 중이었다.

최고 식민 통치 기구인 총독부, 대낮에 뚫리다

실제로 다친 사람 하나 없는 거사였지만, 이 사건은 최고의 식민 통치 기구인 총독부가 대낮에 뚫린 사건으로 일제를 긴장시켰다. 그의 거사는, 일제가 3·1운동 이후 이른바 '문화통치'를 펴 식민 통치 체제가 안정되어 가고, 더 나아가 식민 통치에 대한 한국인들의 반감이 수그러들고 있다는 선전이 허황한 현실임을 분명하게 드러낸 것이었다.

멀쩡한 대낮에 받은 폭탄 세례로 조선총독부는 혼란에 빠졌다. 보도 통제가 되지 않아 사건 당일 「동아일보」는 호외를 발행하여 사건 발생을 보도했고, 다음 날 조간에는 주요 신문들이 현장 사진을 곁들인 기사를 대서특필한 것이다.

폭탄으로 입은 물리적 피해는 가벼웠지만, 식민 통치의 심장부 총독부가 침입자 1인에게 유린당한 것은 변명의 여지가 없었다. 지방에서 돌아온 사이토는 대수롭지 않은 척, 상하이나 블라디보스토크엔 배일(排日)하는 사람이 매일 폭탄을 만들고 사고파는 형편이니 폭탄 한두 개 몰래 들여오는 일쯤이라며 호기를 부렸지만, 그건 사실상 허세일 뿐이었다.

뒤늦은 보도 통제로 후속 기사를 낼 수 없게 된 「동아일보」는 일본어 신문 「조선신보」의 논평을 인용해서 총독부의 허세를 비꼬았다. 총독부는 "인심은 안정"하고 "민정은 평온"하다고 선전하지만, "육군 위병이 있고 수십 명의 순사로 경호하는 총독부에서 백주에 공공연히 폭탄을 투척"당한 것은 어떻게 변명할 거냐고 물은 것이다.

범인을 잡으면 사건은 간단히 정리될 수 있었지만, 총독부는 범인의 정체는커녕 흔적조차 찾지 못했다. 그런데도 경찰은 한 달쯤 뒤에 황임성이라는 남자를 범인으로 체포했고 그는 자신이 범인이라고 자백했다. 황은 사실상 일제 경찰의 밀정으로 활동한 자였는데, 예심 단계에서 비로소 자신이 폭탄 범인이 된 이유를 털어놓았다.

그가 총독부 폭탄 범인이라고 자백한 이유는 경기도 경찰부 고등과장의 협박과 설득 때문이었다. 별거 아닌 것처럼 눙쳤지만, 경찰로서는 총독부 폭탄 투척 사건의 부담과 압박 때문에 범인 조작이라는 상황까지 연출하게 된 것이었다. 결국 황은 예심 면소 판결을 받고 서대문 구치감에서 풀려났는데, 공교롭게도 진범인 김익상이 상하이 황푸탄에서 다나카 처단에 실패하고 일경에 붙잡힌 것은 그로부터 나흘 뒤였다.

김익상은 거사 뒤 곧바로 도주하지 않고 전차를 타고 경성을 돌아다니며 경찰의 동향과 민심을 살폈다고 한다. 그는 한강변에서 옷을 갈아입고 일본인 목수 차림을 하고 용산역에서 기차를 타고 평양으로 가서 며칠 머물렀다. 다시 기차로 신의주로 이동해 유창한 일본어로 국경을 통과하여 비상이 걸린 펑톈과 톈진을 거쳐 9월 17일에 베이징의 의열단 본부로 돌아갔다. 의거는 출발에서 귀환까지 단 1주일밖에 걸리지 않았다.

일본군 대장을 노린 황푸탄 의거에 투입

1922년 3월 말, 김익상은 일본육군 대장 다나카 기이치(田中義一)가 필리핀을 거쳐 상하이에 도착한다는 정보를 입수한 의열단으로부터 '다나카 기이치를 암살하라'는 임무를 받았다. 이 거사에 그는 이종암(1896~1930, 1962·독립장), 오성륜(1898~1947) 등과 함께 3인조로 투입되었다.

거사는 3월 28일 다나카 기이치가 상하이에 도착해 황푸탄(黃浦灘) 부두에서 하선하면 곧바로 오성륜이 첫 저격을 맡기로 했다. 이것이 실패하면 뒤이어 김익상이 그를 사살하고, 김익상마저 실패하면 군중 속에 숨어 있던 이종암이 폭탄을 던져 폭사시킨다는, 3단계에 걸친 계획이었다.

3월 28일, 오후 3시 예정된 시각에 배가 황푸탄 하구 공공 조계(租界):45 부두에 닿았고 다나카 기이치가 배에서 내렸다. 오후 3시 30분, 첫 저격을 맡은 오성륜이 다나카 기이치를 향해 권총을

:45 19세기 후반에, 중국의 개항 도시에 있었던 외국인의 거주 지역. 또는 그 거류 지구 안의 경찰 및 행정을 관리하던 조직.

쏘았으나 실탄은 다나카 기이치에게 다가간 한 미국인 여성의 등에 맞았고, 그녀는 현장에서 즉사했다.

당황한 다나카가 허둥지둥하다 황급히 자동차에 타려 할 때 두 번째 저격을 맡은 김익상이 권총을 쏘았으나 탄환은 다나카의 모자를 꿰뚫는 데 그쳤다. 이에 세 번째 저격을 맡은 이종암이 군중 속을 헤치고 나와 다나카가 탄 자동차를 향해 폭탄을 던졌으나 이마저 바로 터지지 않아 영국 군인이 강물 속으로 차 넣어버렸다. 거사는 꼼짝없이 실패한 것이다.

이때 이종암은 즉시 외투를 벗어 던지고 군중 속으로 숨어들어 체포를 면했으나, 도주하면서 권총을 들고 있던 오성륜은 현장에서 일경에게 체포되었다. 김익상은 도주하던 중 추격하던 영국 경찰 톰슨이 쏜 총탄을 손발에 맞아 중국 순경에게 붙잡혔다.

김익상은 체포되면서 그 전해에 자신이 조선총독부에 폭탄을 던진 장본인임을 밝혔고, 오성륜과 함께 일본영사관 감옥에 분리 수감되었다. 5월 2일 오성륜은 함께 수감된 일본인 죄수와 함께 감옥 문을 부수고 탈옥했지만, 김익상은 실패하여 다음 날 일본 나가사키로 압송되었다.

김익상은 이른바 '절도, 폭발물 취체:46 규칙 위반, 건조물 파괴, 살인 미수 및 상해치사' 등 혐의로 기소되어 1922년 6월 30일

:46 법률, 규칙, 법령, 명령 따위를 지키도록 통제함.

나가사키재판소에서 첫 공판이 열렸다. 그는 당당한 모습으로 출정해 소회를 밝히기도 했다.

"나는 2년 전에 경성에서 철공장 직공 노릇을 하였는데, 중간에 감동되는 바가 있어 철혈단(鐵血團, 의열단을 말함)에 가입하여 각지로 돌아다니다가 금년 정월에 상해로 와서 일본의 동지에게 다나카 대장이 상해로 온다는 말을 듣고 암살을 계획한 것이며, 우리 동지는 350명가량인데 일본의 대관과 군인 윗두목 가는 자를 암살할 목적이라. '우리는 한국 국민의 행복을 위하여 일본으로부터 독립을 원하는 바이니 이 일로 형벌을 당하게 되면 처음부터 달게 받은 셈 잡고 한 일이라."

1922년 11월 6일 나가사키 공소원의 1심에서 그는 보안법 위반 혐의로 사형 선고를 받았지만, 2심에서 무기징역으로 감형되었다. 1923년에 있었던 상고심에서는 징역 20년으로 감형되어 나가사키, 후쿠오카, 구마모토, 가고시마 등의 형무소에서 복역했다. 복역 중에 자신의 의거로 인해 일경에게 고초를 겪고, 짐마차 마부로 형의 식솔까지 부양하던 아우 김준상이 극심한 생활고로 1925년 스스로 목숨을 끊고, 한 살 아래였던 아내 송씨도 '점석'이라는 이름의 어린 딸을 데리고 개가하는 등, 개인적 고통도 견뎌야 했다.

김익상은 1936년 8월 총독부 의거 15년 만에 가고시마 형무소에서 출옥해 이태원의 조카 김기복의 집으로 돌아왔다.[47] 스물 일곱 청년이 불혹을 넘겨서야 고국으로 돌아온 것이었다. 출소 이후 김익상의 행적과 사망에 대해서는 여러 설이 있지만,[48] 해방 뒤 귀국한 의열단장 김원봉이 김기복에게 전해 들은 내용이 가장 사실에 가까운 것으로 보인다.[49]

김익상은 일본 왕세자의 혼인, 일왕의 즉위 등을 계기로 세 차례 감형을 받아 1936년에 출옥했지만, 이후에도 예비검속, 요시찰 감시 등으로 인해 고통을 겪었다. 그는 1941년 8월에 노량진에서 용산경찰서 경찰과 맞닥뜨려 경찰과 결투를 벌이다가 다시 수감되느니 차라리 자결하겠다며 한강에 몸을 던졌다. 이는 1941년 2월에 공포된 '조선사상범예방구금령'에 따라 만기 출옥한 시국 범죄자로서 사상전향에 응하지 않으면 언제라도 감옥에 재수감돼야만 했던 것 때문으로 추정한다.

그러나 조카 김기복은 김익상의 아내 송씨와 딸 점석에 관해서

---

[47] 김익상의 출옥 시기에 대해서는 〈한국민족문화대백과사전〉과 독립기념관 한국독립운동사연구소에서는 1936년으로 기술하고 있으나 보훈부의 '이달의 독립운동가' 자료에선 1943년 만기 출소했다고 적고 있다.

[48] 〈한국민족문화대백과사전〉에서는 귀향 뒤 일본인 고등경찰에게 연행된 이후 종적이 묘연해졌다고만 서술하고 있고, 〈디지털 동작문화대전〉에서는 사망 연도가 다른 두 사람의 증언을 전하고 있다.

[49] 임경석 교수의 『독립운동 열전』 1권에 실린 내용으로 이는 「조선일보」 1945년 12월 5일 자 기사를 근거로 한 것이다.

는 아무 말도 남기지 않았다. 다만, 황푸탄 거사 이틀 전에 그가 동지들에게 남겼던 유언은 "(딸을) 공부시켜 여성 혁명가가 되도록 교도하기를 부탁한다"라는 것이었다.

임경석 교수는 『독립운동 열전』에서 김익상이 동지들에게 남긴 "유언을 이행할 책임은 의열단장 김원봉에게 한정되지 않고", "해방된 세상에 살고 있는 공동체 성원들이 마땅히 지키고 이행해야 할 도덕적 의무"라고 쓰고 있다. 때로 오래 잊지 않고 기억하는 것도 투쟁이 되는 것이다.

김익상은 출생 연도도 정확하지 않아서 의거 당시 28살이었다고 해서 역산하여 1895년으로 쓰고 있다. 무덤도, 후손도 알려지지 않아 국립서울현충원 무후(無後) 선열 제단에 위패로 봉안되어 있다. 그나마 1962년 정부가 추서한 건국훈장 대통령장이 한 생애를 온전히 조국에 바친 독립운동가를 기억하는 유일한 표지가 되었다.

08   '영웅도 신도 공주도 아니었던' 10대 독립운동가의 '불멸의 순수'

독립 만세운동을 하다 옥사한 18살 유관순

사진 속 소녀는 수의인 듯한 솜옷의 왼쪽 깃 아래 한자로 쓴 이름표를 달고 감옥 벽을 등지고 서 있다. 얼굴은 다소 부었고, 둥근 얼굴에 서린 기운이 다소 강인해 보이지만 아직 앳된 소녀임이 분명하다. 서대문 감옥 :50의 수형표 속의 이 소녀를 한때 우리는 '누나'라고 부르며 기렸다.

3·1운동 당시 만세 시위를 벌여 '소요·보안법 위반' 죄로 복역

:50   1908년 경성 감옥으로 문을 연 이 감옥은 1912년 서대문 감옥, 1923년 서대문형무소, 1945년 서울형무소, 1961년 서울교도소, 1967년 서울구치소 등으로 이름이 바뀌었다. 1987년 서울구치소가 경기도 의왕시로 이전한 뒤 1998년 서대문형무소역사관으로 개관하였다.

1920년, 18살 유관순
서대문 감옥의 수형기록표 사진이다.

하던 서대문 감옥에서 유관순(1902~1920)은 1920년 9월 28일 오전 8시 20분, 오랫동안 계속된 고문의 후유증과 영양실조로 숨을 거두었다. 향년 18세.

체포 546일 만에 옥에서 숨을 거두다

유관순의 죽음은 1919년 4월 1일, 고향인 천안 아우내 장터에서 체포된 지 546일 만이었고, 영친왕 결혼 기념으로 형기가 절반으로 줄어들면서 1921년 1월 2일로 예정된 출옥일을 96일 앞두고서였다.

1919년 5월 9일, 유관순은 1심인 공주지방법원에서 5년 형을, 6월 30일 경성복심법원에서는 3년 형을 선고받았다. 함께 재판받은 사람들은 모두 고등법원에 상고하였으나, :51 유관순은 "삼천리 강산이 어디면 감옥이 아니겠느냐?"라며 상고하지 않아 3년 형이 확정되었다.

유관순은 1902년 12월 16일, 충청남도 목천군 이동면 지령리(현재는 천안시 병천면 용두리)에서 아버지 유중권과 어머니 이소제 사이의 3남 2녀 중 둘째 딸로 태어났다. 조부 유윤기와 숙부 유중무가 일찍이 개신교를 받아들여서 유관순도 개신교 분위기 속에서 성장

:51 이 시기 3심제도는 지방법원-복심법원-고등법원으로 이루어져 있었다.

했다.

지역의 홍호학교(興湖學校) 운영에 참여하여 인재 양성에 힘쓴 아버지 유중권은 자녀 교육에도 적극적이었다. 그래서 큰아들 유우석이 공주 영명학교에서, 둘째 딸인 유관순이 서울로 유학하여 이화학당에서 공부할 수 있었다.

유관순의 고향은 철도 부설 전에 서울과 충남 공주를 연결하는 교통로로서 선교사들이 집중적으로 개신교를 전파하여 많은 교회가 세워진 곳이었다. 지령리에도 1901년 무렵에 이미 교회가 들어섰으나, 1907년 8월 국채보상운동에 이 교회가 동참하는 등 애국 활동을 펼치자, 일본군의 방화로 소실되었다. 유관순의 일가인 유빈기가 선교사 케이블(E. M. Cable), 조인원:52 등과 함께 교회를 다시 세운 것은 1908년이었다. 이후 숙부 유중무가 선교사로 교회를 이끌면서 유관순도 5~6세를 전후하여 개신교를 접하게 되었다.

이화학당과 3.1운동

공주 영명여학교에서 수학한 유관순이 교비 유학생으로 이화학당 보통과에 편입한 것은 1916년이었다. 지령리 교회에 자주 들

:52 독립운동가이자 광복 후 내무부 장관을 지낸 조병옥의 부친.

르던 기독교 감리교 충청도 교구 본부의 미국인 여자 선교사 샤프(Alice Hammond Sharp)의 추천을 받아서였다. 유관순은 사촌 언니 유예도(유중무의 딸) 등과 기숙사 생활을 하며 1918년 3월 18일 이화학당 보통과를 졸업하고, 같은 해 4월 1일 고등과 1학년에 진학하였다.

이화학당에서는 1905년 을사늑약 이후, 오후 3시만 되면 모두 수업을 중단하고, 조국 독립을 기원하는 기도회와 시국 토론회와 외부 인사 초청 시국 강연회 등을 개최하고 있었다. 1916년 무렵 학생들은 이문회, 유신회, 공주회 등 학생회를 조직해 활동했다. 특히 학생 자치단체인 '이문회(以文會)'에서는 당시 학생들에게 민족이 처한 현실과 세계 정세를 가르치고 있었다.

1919년 1월 22일, 고종이 승하하자 학생들은 자진해서 상복을 입고 휴교에 들어갔고, 2월 28일에는 정기 모임을 통해 전교생이 적극적으로 만세를 부르기로 결의하였다. 이 결의에 따라서 신특실, 노예달 등은 탑골공원에서 벌어진 3·1 만세운동에 직접 참가했다.

3월 5일에는 학생 연합 시위가 벌어졌는데, 이화학당 학생들이 적극적으로 참여한다는 정보를 알아낸 학교 측은 교문을 잠그고, 교사들에게 교정 곳곳을 지키게 하였다. 그러나 많은 학생이 시위에 적극적으로 참여하였다. 그중 신특실·유점선·노예달 등은 붙잡혔고 시위에 동참한 교사 김독실 등은 투옥되었다. 이날 유관순도 남대문 역 학생단 만세 시위에 참여했다가 경무 총감부로 붙잡혀 갔으나, 이화학당 외국인 선교사들의 강력한 요구로 친구들과 함께 풀려났다.

학생들의 시위가 고조되자 일제는 3월 10일 전국적으로 휴교령을 내렸고, 유관순은 13일 귀향했다. 이때 기차에서 친구들이 기차 소리를 두고, '동전 한 푼, 동전 한 푼' 하는 소리로 들린다고 하자, 유관순은 '대한독립, 대한독립' 하는 소리로 들린다고 했다고 한다. 이 열일곱 소녀의 가슴 속에는 '대한독립'의 꿈이 오롯이 피어나고 있었다.

유관순은 부친 유중권과 조인원 등 마을 어른들에게 서울의 만세운동 소식을 전하고, 숨겨온 독립선언서를 내놓으며, 병천시장에서 독립 만세운동을 벌일 계획을 상의하였다.

'아우내 독립 만세운동'

유관순과 사촌 언니 유예도(1990·애족장)는 만세운동에 쓸 태극기를 만드는 등 시위를 준비하였다. 3월 31일 밤, 자정에 병천시장을 중심으로 천안 길목과 수신면 산마루와 진천 고갯마루에 거사를 알리는 봉홧불을 올렸다. 4월 1일, 유관순은 조인원·유중권·유중무 등과 함께 병천시장에서 만세 시위를 주도하였다. 오후 1시께 조인원은 유중권, 유중무 등과 함께 태극기를 앞세우고 만세를 외치자, 장터에 모인 군중들이 이에 따랐다.

장터에서 가까운 병천 헌병 주재소장 고야마(小山) 등 일경 5명이 시장으로 출동하여 해산을 요구하였으나 시위대가 불응하자 이들은 즉시 발포하였다. 총에 맞은 이들이 쓰러지자, 사람들은 사망자의 시신을 헌병 주재소에 옮기고 항의하기 시작했다. 실제 발포하고 일본도를 휘두르는 물리적 폭력 앞에서도 시위대는 흔들리지 않았다.

김교선 등이 군중 100여 명과 함께 주재소로 가서 태극기를 흔들고 만세를 부르며 사망자에 대한 조치와 구금자 석방을 요구하였다. 유관순의 아버지 유중권은 헌병에게 총검으로 옆구리와 머리를 찔려 빈사 상태에 이르렀는데 숙부 유중무는 형님을 들쳐업고 주재소로 가서 치료를 요구했다.

군중이 점차 늘어나서 1,500여 명에 이르자 헌병들이 권총을 쏘기 시작했다. 시위대는 조선인 헌병 보조원에게 동족을 어찌 죽일 수 있느냐고 항의하였고, 격분한 유관순은 주재소장을 붙잡고 항의하였다.

지역 유지들과 젊은 청년·학생들과 함께 만세 시위에 참여한, 성공회 병천교회에서 운영하던 진명학교 교사 김구응은 일경의 총에 맞아 숨졌다. 비보를 듣고 달려온 모친이 아들의 시신을 안고 통곡하자 일경은 노모마저 창과 칼로 찔러 살해하였다.

헌병의 발포로 많은 사상자가 발생하자 군중은 주재소에서 물러났다. 그러나 일부는 헌병의 통신 연락선을 차단하고자 우편소의 전신주를 쓰러뜨리기도 했다. 헌병이 맨손에 태극기를 들고 시위행진을 하는 군중을 무차별 공격하여 시위대가 해산한 것은 오후 4시가 넘어서였다.

판결문에 따르면 이날 유관순의 부모를 포함하여 19명이 시위 현장에서 숨졌으며 30명이 중상을 입었다. 모두 3,000여 명이 참여한 이 시위가 바로 '아우내 독립 만세운동'이다. 유관순은 주도자로 체포되어 공주교도소에 갇혔고, 이곳에서 공주 영명학교에서 만세운동을 주도하다 구속된 오빠 유우석을 만났다.

경성복심법원에서 징역 3년을 선고받고 서대문형무소에서 복역하던 유관순은 이신애, 어윤희:53 등과 함께 1920년 3월 1일 오후 2시를 기해 3·1운동 1주년 기념식을 치르고, '옥중 만세운동'을 전개하였다.

이에 3,000여 명의 수감자들이 크게 호응하여 만세 소리가 밖으로까지 퍼져나가면서 형무소 주위로 인파가 몰려들어 전차 통행이 마비되고, 경찰 기마대가 출동하기에 이르렀다. 이 사건으로 유관순은 간수들에게 심하게 구타당해 방광이 파열되었고, 다른 애국지사들도 심한 고초를 당하였다.

열여덟 소녀 투사, 27년 만에 되살아나다

유관순의 형기가 1년 6개월로 단축된 영친왕의 결혼 기념 특사

:53 이신애는 의친왕 상하이 망명 사건, 어윤희는 개성에서 여성들에 의한 3·1 만세운동을 주도해 서대문 감옥에 각각 복역 중이었다.

령(特赦令)이 내려진 것은 1920년 4월 28일이었다. 그러나 다섯 달 뒤인 9월 28일, 열여덟 소녀 투사는 감기지 않는 눈을 감아야 했다. 직접 사인은 밝혀지지 않았으나, 수형 기록표의 사진으로 보아 심한 구타와 영양실조 등의 부작용에 따른 갑상샘 기능저하증을 주된 원인으로 추정하고 있다.

이화학당은 형무소 당국에 시신의 인도를 요구하였으나 일제는 이를 거부하였다. 이에 이화학당 교장 월터(Miss Jeanette Walter)는 이를 미국 신문에 알려 세계 여론에 호소하겠다고 강력하게 항의하였다. 결국, 일제는 해외 언론에 알리지 않고, 조용히 장례를 치른다는 조건을 붙여 시신을 인도하였다.

1920년 10월 12일, 이화학당으로 돌아온 유관순의 시신은 수위실에 안치하였고, 세브란스 교의를 불러 수습하였다. 이틀 후, 이화학당 측은 정동교회 김종우 목사의 주례로 이태원 공동묘지에서 조촐히 장례를 지냈다. 그 뒤 일제가 이태원 공동묘지를 군용기지로 개발하면서, 유관순의 묘는 미아리 공동묘지로 이장되었다고 하나 확인되지 않는다. 현재 유관순 생가 뒷산인 매봉산에는 초혼묘를 조성했다.

광복은 유관순이 순국한 지 25년 뒤에야 이루어졌으나 그때까지 유관순의 삶과 투쟁은 잊혔다. 그가 대중에게 새롭게 알려진 것은 1947년 2월 28일 「경향신문」에 3·1운동 특집으로 소설가 박계주가 '순국의 처녀'를 발표하면서였다. 이를 계기로 기념사업회가 결성됐고 영화와 전기가 만들어지는 등 유관순은 3·1운동

의 상징이 되었다. :54

필자는 초임 학교에서 17살 소녀들에게 박두진의 시 「3월 1일의 하늘」을 가르쳤다. 스물아홉 혈기 방장한 풋내기 교사에게 그 시는 조금은 부담스러운 것이었다. 그러나 수십년이 지난 지금 다시 읽어보니, 시어의 상찬이 부담스럽지 않을 뿐더러, 한 인간의 전인격을 표현하는 데는 오히려 모자랄 수도 있겠다는 생각이 든다.

유관순 누나는 저 오를레앙 잔다르크의 살아서의 영예,

죽어서의 신비도 곁들이지 않은,

수수하고 다정한 우리들의 누나,

흰옷 입은 소녀의 불멸의 순수,

아, 그 생명혼의 고갱이의 아름다운 불길의,

영웅도 신도 공주도 아니었던,

그대로의 우리 마음 그대로의 우리 핏줄,

일체의 불의와 일체의 악을 치는,

민족애의 순수 절정 조국애의 꽃넋이다.

- 박두진, 「3월 1일의 하늘」 3연

:54 유관순은 1951년 순국 의열사(義烈士) 심사위원회에서 순국 의열사로 선정되었고, 1962년 건국훈장 독립장이 추서되었다. 3·1운동 100주년을 앞두고 훈격을 높이자는 여론에 따라 정부는 2019년 3월 1일 건국훈장 대한민국장(1등급)을 추가 서훈했다.

'누나'가 아니라 '열사'다

유관순은 열여덟에 순국함으로써 오랫동안 뒷사람들에게 '누나'로 남았다. 그를 누나로 부르게 된 데는 '삼월 하늘 가만히 우러러보며 / 유관순 누나를 생각합니다'로 시작되는 강소천의 동요 「유관순」과 박두진의 시 「3월 1일의 하늘」에서 비롯한 것으로 보이는데, 노래와 무관하게 우리 세대는 교과서에서 유관순을 누나로 배웠었다.

친근하고 정겹게 부른 호칭이라고 볼 수도 있긴 하지만 기실, 이 호칭은 관행적인 남성 위주의 시각을 대변한다. 그가 스물 이전에 순국한 '소년'이었다고 한들 우리 사회에서 그를 '○○○ 형'이라 부를까. 더구나 '○○○ 오빠'는 언감생심이다. 호명의 주체로 여성을 상정하는 일도 아예 없었기 때문이다. 공적 호칭으로 '유관순 언니'가 없는 것도 같은 이유다.

강소천이나 박두진에게는 1902년생인 유관순이 '누나'임직하지만 이미 그가 태어난 지 100년이 훨씬 지났다. 그런데도 여전히 '누나'로 불리는 것은 그를 온전한 한 사람의 독립운동가로 바라보는 걸 방해할 수도 있다. 그러나 그를 '유관순 열사'라 부를 때 그는 '이준 열사'와 같은 위상의 공적 영역에 존재하는 인물이 된다는 점을 되새길 만하다.

　무엇보다 안타까운 건 2007년 노무현 정부 때 논란과 화제를 부른 고액권 화폐의 도안 인물로 유관순(5만 원권) 열사가 추천되었다가 탈락한 사실이다. 10만 원권 초상 인물로는 백범 김구가 결정되었지만, 이명박 정부가 들어서면서 슬그머니 이 화폐의 발행 계획이 취소되면서 없던 일이 되었다.

　여성 단체들이 연대해 여성계가 추천한 여성 초상 인물로 유관순을 지지했는데도 불구하고 신사임당이 뽑힌 이유는, 역으로 유관순이 탈락한 까닭과 다르지 않아 보인다. 유관순 열사가 열여덟의 처녀가 아니라 한 가정을 이룬 어머니였다면 이야기는 달라졌을 것이다. 적어도 '어머니가 아닌 여성'이 '미완의 존재'로 인식되는 것은 이 땅에선 여전히 관습이기 때문이다.

'동대문 철물점 홍길동', 수백 일경과 벌인 전설의 총격전

종로경찰서에 폭탄을 던진 34살 김상옥

1923년 1월 12일 밤 8시께, 서울 한복판 종로경찰서 서편 유리 창을 뚫고 폭탄 하나가 날아들어 터졌다. 일제 식민 통치를 뒷받 침하는 경찰력의 본산으로 숱한 독립운동가들을 탄압해온 종로 경찰서를 폭파하려는 이 의거에 일제는 아연 긴장하지 않을 수 없었다. 폭탄이 터지면서 경찰서 안은 아수라장이 되었다. 건물 일부가 파손되고 행인 7명이 중경상을 입었지만, 당시 일경은 이 투탄 의거의 주인공이 누구인지 종잡지 못하고 있었다. 일경이 '범 인'을 알아낸 것은 의거 닷새 후인 1월 17일이었다.

종로경찰서에 폭탄을 던진 주인공이 34살 청년 김상옥(1889 ~1923)이다. 지금 전하는 유일한 사진은 상하이 망명 시절(1920~ 1922) 사진관에서 찍은 것으로, 그림으로 된 배경 앞에 뒷짐을 진

1921년, 32살 김상옥
상하이 망명 시절에 찍은 사진이다.

양복 차림의 청년은 앳되어 뵈는 미남자다. 마치 곱게 자란 양갓집 도련님 같은 모습의 이 청년이 '경성 피스톨'로 불린 권총 명사수로 일제 경찰 수백 명과 시가전을 벌인 그 사나이라고 여기기는 쉽지 않다.

일찍부터 백발백중 사격술의 귀재였다

김상옥은 1889년 서울 동부 건덕방 어의동(지금의 종로구 효제동 72번지)에서 구한국 군인 김귀현의 아들로 태어나 아버지를 일찍 여의고 가난하게 자랐다. 학교 갈 나이인 8살 때에 학교 대신 아버지가 운영하는 체 공장의 체불(체의 그물) 수리를 시작했고, 14살부터 말굽을 만드는 대장간에서 일했다. 환경은 불우했으나 성품이 영특하고 몸은 다부져서 주어진 삶에 순응하기보다는 스스로 심신을 단련하는 일을 게을리하지 않았다.

평소에도 아침 일찍 일어나 낙산과 남산, 북악산 등을 번갈아 오르며 체력을 길렀고, 특히 늘 방바닥을 두드리며 주먹을 단련하여 돌덩어리 같은 손아귀 힘을 갖게 되었다. 상하이 망명 시절에도 주먹 단련을 계속하여 임시정부의 초대 법무총장 이시영에게서 무엇을 하느냐는 질문을 받자, "백발백중 권총 사격술을 연마하는 악력 강화 훈련"이라고 대답하였다. 실제로 그의 권총 사격술은 상하이에 있던 미국인의 〈리볼버클럽〉에서 백발백중의 명중률을 보였다고 한다.

김상옥은 15살 때 기독교에 입교하였고, 야학과 공립보통학교, 서당 등에서 공부를 이어갔다. 20살에는 경성 기독교 청년회관(YMCA)에 있는 경성영어학교에서 공부했고, 1911년에는 당시 YMCA의 체육 교사로 재직하던 이필주 목사의 지도로 YMCA의 청년부장으로 활동했다. 1912년에는 동대문 안(현 종로6가)에 교회서점을 내고 전도를 목적으로 삼남 지방을 다니며 복음을 전도하고 약을 파는 행상을 병행하여 상당한 수입을 거두기도 했다.

이 삼남 지방을 다니는 과정에서 일제의 무단 통치와 함께 일제 상품이 범람하는 현실을 깨닫고 일본 상품을 배척하는 '물산장려운동'에도 적극적으로 참여하였다. 의열단원으로서 암살과 파괴 활동에서 전설적인 활약을 보여준 김상옥은 장사에서도 숨은 재능을 유감없이 펼치기도 했다. 1912년, 23살에 동대문 밖 창신동에서 김상옥이 연 영덕철물상회는 한때 종업원이 50여 명에 이를 만큼 성황을 이루었다. 1917년 조선물산장려운동과 일화(日貨)배척 운동을 전개하였다. 이를 위해 말총 모자를 창안, 생산해 보급하였고 농기구·장갑·양말 등도 아울러 생산해 각 지방을 순회하면서 국산품을 장려하는 데 앞장섰다.

3·1운동 때 일경에게서 일본도를 빼앗은 청년

1919년 3월 1일 오후 철시하고 직원들과 함께 만세 시위에 참여하였으며, 상인들의 만세 시위 참여도 독려하였다. 그날 오후 동대문 근처에서 일경에게 쫓기는 여학생을 구하고 일본도(장검 1개, 단검 2개)를 빼앗았다. 그가 노획한 일본도는 현재 독립기념관에 전시되어 있다.

그해 4월, 제암리 학살 사건[55]에 분노한 청년 학도들과 함께 동대문교회 안의 영국인 피어슨 여사 집에 모여 '혁신단'이라는 비밀결사를 조직하고 일제의 식민지 정책, 임정 동향 등의 소식을 알리는 기관지 「혁신공보」를 펴냈다. 시민에게 배포하던 이 공보가 일경에게 탐지되어 김상옥은 종로경찰서에 체포·구금되어 고문과 고초를 겪었으나 끝내 입을 열지 않아 40여 일 만에 증거 불충분으로 석방되었다.

1919년 12월, 혁신단 조직을 바탕으로 동지들과 암살단을 꾸렸다. 이듬해(1920) 8월에 미국 상하의원단 42명이 조선을 찾는다는 소식을 듣고 5월부터 윤익중·서대순 등의 동지와 함께 미국의원단을 영접하러 나오는 사이토 마코토 총독과 일본 고관을 암살하는 계획을 추진하였다.

그러나 거사 당일, 예비검속 차 일경이 김상옥의 집에 들이닥쳤다. 김상옥은 무사히 피신했지만 경찰은 사무실로 쓰던 방을 수

---

[55] 1919년 4월 15일, 경기도 수원군 향남면 제암리에서 발생한 일본군의 민간인 학살 사건이다. 3·1운동에 대한 일제의 보복 행위로 제암리 주민을 교회에 가둔 후 불을 질렀으며, 마을 전체를 불태웠다. 기록에 따르면 교회에서만 23명이 사망하였고, 인근의 고주리 주민도 6명이 사망하였다고 한다.

색하여 암살 관련 문건을 찾아냈다. 곧이어 총과 탄환을 전달하러 온 한훈이 체포되면서 거사는 시작도 하기 전에 물거품이 되었다. 김상옥은 이필주 목사의 다락방에 은신해 있다가 수사망이 좁혀져 10월에 펑톈(奉天)을 거쳐 상하이로 망명하였다. 김상옥은 궐석 재판에서 사형을 선고받았다.

상하이에서 김구·이시영·조소앙 등 임정 요인들과 교류하면서 의열단에 가입한 김상옥은 1921년 7월, 귀국해 충청도·전라도 등지를 돌면서 독립운동 자금을 모아 임정에 전달했다. 1922년 11월 중순 상하이에서 임정 요인 이시영·이동휘·조소앙과 의열단 김원봉 등과 의논해 일본 총독과 주요 관공서에 대한 암살·파괴를 목적으로 하는 계획을 세웠다.

1923년 1월, 일본 제국의회 참석차 도쿄로 가는 사이토를 암살하기 위해 김상옥은 안동현을 거쳐 압록강을 건너 경성에 들어갔다. 장도에 오르며 그가 동지들에게 남긴 말은 자신의 운명을 미리 내다본 듯 비장하고 결연했다.

> "생사가 이번 거사에 달렸소. 만약 실패하면 내세에서나 봅시다. 나는 자결하여 뜻을 지킬지언정 적의 포로가 되지는 않겠소."

임정에서는 권총 4정과 실탄 수백 발을 마련한 안태훈을 수행하게 하였고, 대형 폭탄은 의열단에서 맡아 김한에게서 받기로 했다. 상하이를 떠나면서 농부로 변장한 김상옥은 밤을 틈타 압록 강 철교를 건너며 경비 경관을 사살하였고, 신의주의 세관 검문 소를 지나면서 보초를 때려눕히고 국내에 잠입하였다. 경성에 들 어와 김한과 서대순 등 동지들과 만나 거사 계획을 점검했으나 상하이 주재 일경의 정보를 받은 일제가 경계를 강화하자 거사는 계속 연기되었다.

경성의 밤을 뒤흔든 긴박한 총격전

1월 12일, 종로경찰서 폭파 의거는 이러한 상황에서 이루어졌 다. 은신처를 역에서 가까운 삼판통(三坂通 지금의 후암동)의 매부 고 봉근의 집으로 정한 까닭은 사이토 처단을 염두에 두어서였다. 또 총독부 폭파에 앞서 폭탄 성능 시험을 겸한 첫 의거로 종로경 찰서를 택한 것도 독립투사들을 체포하여 악랄한 고문을 자행하 던 일경의 심장부를 응징한다는 의미에서였다.

1월 17일은 거사 당일, 조선 총독 사이토 마코토가 도쿄에서 열리는 제국의회에 출석하려고 남대문 역에서 경성을 떠나기로 예정된 날이었다. 김상옥을 추적하던 일경은 새벽 3시, 그가 삼판 통에 은신해 있음을 탐지하고 종로경찰서 우메다와 이마세, 두 경 부의 지휘 아래 21명의 무장경찰로 은신처를 포위했다.

일경 체포조가 그가 은신한 방을 덮치자, 방안에서 발사된 총 탄이 종로경찰서 유도 사범이며 순사부장 다무라 죠시치(田村長七)

를 쓰러뜨렸다. 가슴을 맞은 다무라는 즉사했고, 이어 이마세 긴타로(今瀨金太郎)는 오른쪽 손목과 왼쪽 옆구리를 맞았으며 우메다 신타로(梅田新太郎)는 어깨에 관통상을 입었다. 일경이 전열을 가다듬었을 때 이미 김상옥은 은신처에서 탈출한 뒤였다.

경성 시내는 물론 인근 지방 경찰서에서 차출된 정복 순사 1,000여 명이 동원된 남산의 수색망은 '쥐새끼 하나 도망하여 나갈 틈이 없이'(당시 신문 기사) 촘촘했다. 남산 자락의 모든 거주지에 대한 가택수색이 이루어졌지만, 그의 종적은 묘연했다. 김상옥은 일경과 총격전을 벌이면서 맨발로 뛰쳐나와 남산을 거쳐 금호동에 있는 사찰 안장사(安藏寺)에 이르러 있었다.

절에서 승복과 짚신을 빌려 변장하고 하산한 김상옥은 18일은 무내미(지금의 수유리) 이모 집에서 잤고 19일 새벽에는 삼엄한 일경의 경계망을 피해 효제동 어릴 적 생가의 옆집인 이혜수의 집으로 옮겨 은신에 들어갔다. 탈출하면서 걸린 동상을 치료하면서 그는 앞으로의 계획을 저울질하고 있었을 것이다.

그러나 1923년 1월 22일 새벽, 최후의 은신처도 일경에게 탐지되고 말았다. 상하이로부터 효제동으로 온 서신을 전해준 전우진이 일경의 수사망에 걸려들어 문초당한 결과였다. 삼판통의 실패를 되풀이하지 않기 위해 일경은 경기도 경찰부장을 총지휘관으로 하여 기마대와 무장 경관 수백 명이 은신처 주변 일대를 네 겹으로 포위했다.

날이 밝기를 기다려 은신처를 급습한 동대문서 고등계 주임 구리다 세이조(栗田淸造)가 이끄는 결사대 5명과 맞서 김상옥은 양손에 권총을 쥐고 효제동 생가 주변 다섯 집의 지붕을 넘나들면서 3시간여에 걸친 총격전을 벌였다.

그러나 수적으로 너무 열세였던지라 중과부적이었으며, 지쳐버린 그는 구리다에게 중상을 입히는 등 분전했으나 탈출이 불가능하다는 사실을 깨닫고 스스로 목숨을 끊었다. 시신은 참혹했다. 발가락은 물론 무릎까지 동상에 걸려 있었고, 머리와 가슴, 왼쪽 발가락에 총상이 있었다.

김상옥의 순국을 알리는 자료들은 대부분 그가 마지막 탄환을 자신에게 발사했다고 기록하고 있으나, 실제로 그는 남은 탄환 8발과 9연발 '모젤'식 권총 한 자루와 6연발 구식 권총 한 자루를 손에 쥔 채로 순국했다. 검시관은 그가 "오른손 검지를 방아쇠에 걸고 권총을 힘 있게 쥐고 있었다."고 썼다. 향년 34세. 의열투쟁으로 식민 지배자를 응징하고 대중 의식의 혁명화를 꾀하고자 했던 두 아이의 아버지는 짧지만 불꽃처럼 뜨겁게 타올랐던 삶을 그렇게 마감했다.

'동대문 철물점의 홍길동' 서른넷에 장렬히 지다

서울 한복판에서 단신으로 수백 명의 무장경찰과 3시간이나 총격전을 벌인 예는 일제 35년 동안 전무후무한 일이었다. 김상옥의 장렬한 죽음이 알려지자, 임시정부에서는 1923년 2월 17

일 상하이의 삼일당에서 추도식을 거행하고, 3월 1일 자 「독립신문」:56에 그의 생애와 장렬한 서거 소식을 대대적으로 보도하였다. 일제는 이 사건이 민심에 미칠 영향을 저어하여 1개월 20일이나 보도를 통제하다가 일반의 관심이 식을 즈음에야 해제하였다. 이에 「동아일보」는 즉각 3월 15일 자로 양면에 걸쳐 전면 호외를 발행하였다.

당시 중학생으로 효제동 총격전을 목격한 화가 구본웅(1906~1953)은 그의 시화첩 〈허둔기〉(1930)에 스케치와 추모 시를 함께 실었다. 이는 일제강점기에 독립투사의 순국 장면을 생생히 그린 그림으로는 유일한 것이다.

김상옥은 '사격'은 물론, '변장과 잠적'의 명수로, 일제 관헌의 추격을 여러 차례 따돌려 '동대문 철물점의 홍길동'이란 별칭이 전국에 널리 퍼졌다. 이에 많은 청년이 그를 따라 항일 독립투쟁의 길로 나섰다고 한다.

김상옥은 이문동 공동묘지에 묻혔는데, 가족과 지인들의 잦은 성묘를 못마땅하게 여긴 일제의 강요로 다시 화장해 유골을 집에 모셨다. 1962년 정부가 건국훈장 대통령장을 추서하면서 유해는

:56 이 「독립신문」은 서재필과 독립협회에서 1896년 창간한 한국 최초 민간 신문을 이르는 게 아니라, 대한민국 임시정부가 1919년 8월 21일에 창간한 기관지다. 첫 이름은 「독립(獨立)」이었다가 옛 「독립신문」을 계승하여 이름을 고쳤다. 1932년 휴간, 1933년 복간하여 1943년 189호를 마지막으로 폐간했다.

구본웅이 남긴 김상옥의 의거 스케치와 추모시.

국립현충원에 안장됐다. :57

　대체로 의열투쟁은 단신으로 일제 고관을 저격하거나 행사장
에 폭탄을 던지는, 짧고 돌발적인 순간으로만 기억되기 쉽다. 그
러나 영화에서나 있을 법한, 쫓고 쫓기는 극적 총격전을 벌인 김
상옥 의사의 이야기는 우리의 독립투쟁이 감추고 있던 극적인 역
동성을 보여주는 사례일지도 모른다.

:57　1988년 서울 종로에 '김상옥 의거 터' 표석이 설치되었고, 1998년에는 대학로
　　　마로니에 공원에 그의 동상이 세워졌다. 2010년에는 종로구 고시로 인의동
　　　101-8에서 종로 6가 28-1까지를 잇는 도로를 '김상옥로'로 명명하였다.

10

황해도를 뒤흔든 투사, '수탈의 첨병'을 응징하다

동양척식회사와 조선식산은행에 폭탄을 투척한 34살 나석주

그것은 "동척(東拓)과 식은(殖銀)에 폭탄을 투척"하고 "권총을 난 사하여 일거에 7명(을) 저격"한 그야말로 대사건이었다. 그러나 일 제의 보도 통제로 발행될 수 없었던 이 엄청난 사건은 16일이 지 난 이듬해 1월 13일 자부터 보도 통제가 풀렸고, 1927년 1월 14일 자 「동아일보」 호외를 받아 들고서야 경성(서울) 사람들은 지난해 연말에 경성 부내에 떠돌던 이야기가 "백주(白晝) 돌발(突發)한 근래 초유(初有)의 대사건"이라는 걸 알아챘다.

기사는 "범인은 재령 출신 35세:58 나석주"라고 전하며, "식은에

:58 「동아일보」 기사를 인용한 것이므로 35세를 그대로 두었다.

촬영 시기와 나이 미상, 나석주

나석주의 폭탄 투척 의거를 보도한

1927년 1월 14일 자 「동아일보」 호외에 실린 사진이다.

일탄(一彈)" 뒤 "제2차로 동척 돌입"하여 "상하층서 6명 저격"한 후 "탈출"하여 "가상(街上)에서 자살"했다고 전하고 있었다.

사람들은 신문에 실린 '범인'의 사진을 바라보면서 일제에 맞서다 스러진 한 젊은이의 희생을 가슴 아파하며 혀를 찼을 것이다. 사람들에겐 낯선 청년이었지만, 나석주의 신원을 확인하기 위해 소환한 황해도 재령의 조선인 순사는 그가 1920년도 황해도에서 일어난 중대 사건을 주도한 인물이라고 증언했다.

김구의 제자, 6인조 권총 강도 사건의 주인공 되다

나석주(1892~1926)는 황해도 재령 사람이다. 1908년 재령의 보명학교(普明學校)에 입학하여 2년간 수학하고, 그 뒤 농사를 지었다. 김구가 가르치는 사립 양산(楊山)학교에서 배웠고 23살에 만주의 동림무관학교:59에 들어가 8개월 동안 군사훈련을 받았다.

1919년 국내에 들어와 3·1운동에 참여하였고, 1920년 동지 50명과 항일 비밀결사를 조직하고 무기를 구매한 뒤 군자금 모금 활동, 친일파 숙청 등을 전개하였다. 재령의 조선인 순사가 말한 1920년도 황해도에서 일어난 중대 사건이란 6인조 권총 사건과

:59 이동휘가 1915년에 지린성 왕청현 나자구에 독립군 양성을 위해 설립한 무관학교. 나자구 사관학교라고도 했는데 이 호칭들은 모두 비공식적인 것으로 조선인들끼리 은밀하게 부르는 이름이었다.

일제 밀정 처단 사건을 말한다. 나석주는 1919년 3월 하순에 황해도 봉산군 사리원의 부호 최병항의 집에 복면을 쓰고 권총을 들고 들어갔다. 일행은 모두 6명. 나석주 이외에 김덕영, 최호준, 최세욱, 박정손, 이시태였다. "조국 독립을 위한 군자금을 마련하러 온 젊은이들"이라는 말에 최부자는 "지금 가진 것이 이것뿐"이라면서 거금 630원을 기꺼이 내놓았다. 그리고 나석주 일행이 일러준 대로 "강도를 당했다."고 신고했다. 사리원을 떠들썩하게 했던 '6인조 권총 강도 사건'의 본질은 독립투사 나석주의 열정적인 군자금 모금 사건이었던 것이다. 이렇게 사리원과 안악의 부호로부터 독립운동 자금을 건네받아 상하이의 임시정부로 송금하였다. 대한독립단 단원들과 함께 악질 친일파인 은율 군수를 처단하기도 했다.

나석주가 국내에서 벌인 의열투쟁은 6인조 권총 강도 사건, 일제 밀정 처단 사건 등의 이름으로 「동아일보」와 「조선일보」에 빈번하게 보도되었다. 그리고 일경의 감시가 강화되자 1921년 철통 같은 경비망을 뚫고 상하이로 망명했다.

상하이에서는 임시정부 외곽 단체인 한국노병회(勞兵會):60에 가

:60 1922년 10월, 중국 상하이서 조동호, 김구, 이유필, 여운형, 조상섭 등이 모여 조직한 독립운동 단체. 한국노병회는 향후 10년간 1만여 명의 노병을 양성하고 100만 원 이상의 전비를 조성한 후 무장투쟁을 통한 조국 광복 쟁취가 목적이었다. '노병(勞兵)'이란 "독립생계를 영위하는 노공적(勞工的) 기술을 겸비한 군인 자격자"를 뜻한다.

입하여 활동했고 1924년 중국군 제1사단 사령부에서 근무하다가 사직하고 상하이로 돌아오면서 베이징에 들러 의열단에 가입하였다. 1924년 6월에 임시정부에서 김구가 지휘하는 경무국 경호원으로 임정과 요인을 경호했다. 1926년 6월, 톈진에 체류하고 있던 심산 김창숙(1879~1962)은 경제 침탈의 총본산인 동양척식주식회사와 조선은행, 조선식산은행을 폭파하여 일제의 경제 침탈을 응징하려는 계획을 세우고 있었다.

동척의 수탈 대상은 조선의 토지였다

동양척식주식회사(동척)는 1908년 일제가 대영제국의 동인도 회사를 참고하여 조선에서 경제적 이득을 착취하고 토지와 자원을 수탈하려고 세운 회사였다. 척식은 척지(拓地)와 식민(殖民), 즉 '식민지를 개척하여 국민을 정착시킨다'라는 뜻으로, 동척의 물적 토대는 조선의 토지였다.

당시 농경사회를 벗어나지 못한 조선은 인구의 80% 이상이 농민이었다. 일제는 토지조사사업(1910~1918)을 시행하여 일본인의 토지 소유와 조선총독부의 지세 수입을 증대시키기에 적합한 토지제도를 만들어내고자 했다.

총독부가 정한 기간 안에 지주는 자기 토지를 신고하게 하였는데, 많은 농민은 한자를 읽고 쓸 수 없었을 뿐더러 그 과정도 매우 복잡하였으므로 신고를 제대로 하지 못해 자신의 유일한 생산

수단인 토지를 빼앗기는 사례도 적지 않았다.

강제 합병(1910) 이후 동척은 조선으로부터 출자받은 토지를 매입하고 국유지를 인수했으며 막대한 면적의 삼림지를 매입하였다. 삼림지는 임산물 개발에 이용되었고, 국유지를 포함한 농토는 조선에 이주한 일본인이나 조선인 대지주 등에 매각했다. 동척은 토지를 직접 관리하거나 싼값에 지주들에게 팔기도 하였고, 관리하는 토지의 소작인에게는 50%가 넘는 소작료를 부여했다.

매년 막대한 양곡이 동척을 통하여 일본으로 유출됨으로써 한국의 농촌 경제는 파탄에 이르렀고 농민들은 먹고살기 위해 고향을 버리고 만주나 연해주 등지로 이주하지 않으면 안 되게 되었다. 당시 우리 국민은 주로 북간도 지역으로 이주하였는데, 이주민의 수는 매년 기하급수적으로 늘어 1910년에 10만 9,000여 명이었던 것이 1926년에는 35만 6,000여 명으로 증가하였다.

나석주의 고향인 황해도 재령군 북률면 소재 동척 농장에서 1924년부터 1925년까지 소작 농민들이 지주인 동양척식회사를 상대로 전개했던 북률 동척 농장 소작쟁의는 그런 가혹한 착취와 수탈의 귀결이었다.

수확의 반 이상을 소작료로 걷는 동척, 한인들은 유랑의 길로

조선식산은행(식은)은 조선총독부의 산업 정책을 금융 측면에서 뒷받침했던 핵심 기관이었다. 채권으로 확보한 일본 측 자본을 조선의 산업 기관과 개인에게 빌려주고, 거기서 회수한 원금과 이자를 투자자에게 돌려주는 금융기관이었던 것이다.

소작인들에 대한 수탈은 일제와 일본인들을 살찌운 대신 땅을 잃은 농민들의, 일본과 만주, 연해주 등으로의 대규모 이주를 불렀다. 이처럼 경제적 수탈로 조선에 대한 식민 지배체제를 공고히 하고자 한 이 회사에 대한 민족적 증오도 점차 커지고 있었다. 조선 총독 등 일제 요인의 처단과 함께, 총독부와 동척, 식은 등 일제 기관의 파괴 등도 의열단의 목표가 된 이유가 거기 있었다.

나석주 의거 뒤에는 또 한 명의 독립운동의 거목인 심산 김창숙(1879~1962)이 있었다. 김창숙은 김구와 유자명(1894~1985)으로부터 의열단원 나석주를 소개받아 폭탄과 권총, 자금을 건넸다. 거사는 애당초 이승춘(1900~1978), 유자명과 함께하기로 하였으나 국내의 감시가 워낙 심해서 나석주의 단독 거사로 바뀌었다. 1926년 12월 26일, 나석주는 "이미 죽기로 결심한 바 오래되었습니다." 라며 중국인 노동자 마중덕으로 위장하여 인천항을 통해 국내에 잠입하였다.

식은과 동척에 던진 폭탄은 모두 불발

김창숙은 나석주에게 "지금 식산은행과 동양척식회사의 화가 극심해서 우리 동포가 어육(魚肉)이 되었으니 이 두 기관을 반드시 파괴해야 한다."라고 했고, 나석주는 흔쾌히 이에 동의했다.

1926년 12월 28일, 나석주가 던진 폭탄과 퍼부은 총탄 세례에 동척과 식은은 그야말로 쑥대밭이 되었다. 3명이 죽고 4명이 중경상을 입었으니, 일제의 경제 침략의 본산이 나석주의 총과 폭탄 세례에 치명적인 타격을 입은 것이었다. 불행히도 식은과 동척에 던진 폭탄은 모두 불발이었다.

처음엔 안전핀을 뽑지 않고 던져서 불발한 것으로 보도됐지만, 후속 「매일신보」 보도는 검찰의 폭탄 성능 실험 결과 한 발은 뇌관이 물에 젖었고, 다른 한 발은 너무 오래되어서 터지지 않은 것으로 드러났다. 폭탄은 만약 제대로 폭발했다면 동척 건물의 3분의 2가 날아갈 만한 위력이었다고 한다.

식은과 동척을 빠져나온 나석주는 일경의 추격에 맞서 총격전을 벌이며 을지로 쪽으로 달려갔지만, 일경의 포위망은 이내 좁혀져 왔다. 결단해야 할 순간이 다가왔음을 깨달은 그는 모여든 군중들을 향해 이렇게 외쳤다.

"우리 2천만 민중아! 나는 그대들의 자유와 행복을 위해 희생한다. 나는 조국의 자유를 위해 투쟁했다. 2천만 민중아, 분투하여 쉬지 말아라!"

나석주는 자기 가슴에 스페인제 권총을 겨누었다. 3발의 총성이 울렸고 그는 자리에서 쓰러졌다. 병원으로 후송된 그는 자신의 이름과 의열단원임을 밝히고 이내 숨을 거두었다. 향년 34세.

김구가 "제자이자 동지"라 불렀던 청년은 그렇게 짧았던 삶을 마감했다.

나석주의 사망 소식을 듣고 장남 응섭이 친척과 함께 상경하여 총독부 병원으로 달려갔으나 일경은 시신 인도를 거부했다. 일경은 두 사람을 구금하고 나석주로부터 온 사전 연락을 밝히라며 혹독하게 고문했다. 8일 만에야 풀려났지만, 부친의 시신은 경찰이 매장한 뒤였다. 매장지를 물어도 경찰이 알려주지 않자, 응섭은 미아리 공동묘지에 가서 새로 쓴 묘지를 찾아서 간신히 아버지의 유해를 거둘 수 있었다.

일경은 조문객도 받지 못하게 하고 발인 날에도 집에서 묘지까지 30리나 되는 길을 경찰이 늘어서서 삼엄하게 감시했다. 장례는 상여도 쓰지 못했고, 봉분도 못하게 하여 평토장으로 치러야 했다. 장례 뒤에도 나석주의 집안은 일제의 감시와 탄압을 받았다. 응섭은 그 후 상하이의 김구로부터 연락을 받고 '백운학'으로 이름을 바꾸어 중국으로 탈출하는 데 성공했으나, 도중에 일경에게 체포되어 국내에 압송된 뒤 혹독한 고문으로 사망했다.

20살 때 나석주는 안악으로 가서 김구가 세운 양산학교에 입학하여 공부하면서 김구와 사제 관계를 맺었다. 훗날 임시정부에서 경무국 경호원으로 일하던 1925년 8월 어느 날, 나석주가 많은 양의 고기와 채소를 사서 김구를 방문했다. 그는 그날이 김구의 생신이 아니냐며, "돈은 없고 해서, 의복을 전당(典當)하여 고기 근이나 좀 사 가지고 밥해 먹으러 왔다."고 말했다.

나석주가 거사를 치른 것은 그 소박한 생일 축하가 있었던 이듬해 연말이었다. 김구는 『백범일지』에서 이 사실을 밝히며 "가장 영광스러운 대접을 받은 것을 기념할 결심"으로 "죽는 날까지 생일을 기념하지 않기로 하고 날짜를 기입하지 않는다."고 썼다.

나석주 의거로 일경 간부와 동척 직원 등 3명이 사살되고 4명이 중상을 입었다. 대낮에 경성 도심에서 벌어진 총격전은 일본 경찰을 충격에 빠뜨렸다. 비록 폭탄이 불발하여 실패했지만, 의거는 일제의 경제 침탈에 보내는 조선인들의 뜨거운 분노와 준엄한 경고였다.

뜨거웠던 그해, 1926년에 생긴 일

1926년은 항일 독립운동 사상 괄목할 만한 거사가 거듭 이어진 해였다. 이해 중국 상하이의 일본 총영사관은 세 차례나 폭탄 세례를 받은 데 이어 4월 15일에는 송학선(1897~1927)이 창덕궁 서문인 금호문 앞에서 일본 총독 사이토 마코토(齋藤實)를 저격하려다 미수에 그친 사건이 발생하였다.

또한 6월 10일에는 제2의 3·1운동이라 할 6·10만세운동이 전국에서 일어나 겨레의 독립 의지를 온 세계에 알렸다. 또, 7월에는 만주에서 독립군으로 활동하던 이수흥(1905~1929)이 국내에 잠입하여 서울·이천·안성 등지에서 일경과 교전을 벌이거나 주재소와 면사무소 등을 공격하여 일제를 아연실색하게 했다.

새해를 나흘 앞둔 1926년 막바지에 거행된 나석주의 동양척식주식회사와 식산은행 폭파 시도는 1926년을 마무리 짓는 의열투쟁이었고, 동시에 1926년을 고비로 점차 방향 전환을 모색하게 된 의열단의 마지막 조직적 암살·파괴 활동이었다.

그간의 의열단 활동은 일제 권력의 중추 기관들에 타격을 가하여 엄청난 충격을 주기는 했으나 단원들의 되돌릴 수 없는 희생을 피할 수없다는 점에서 성찰이 필요했다. 이후 의열단은 개별적인 암살·파괴활동의 한계를 인식하고 다른 혁명 세력과의 민족 협동전선을 모색하게 되었다.

일제에 폭탄을 던진 의열투쟁에서는 유난히 불발이나 미수가 많았다. 거의 한 세기 이전이긴 하지만 힘들여 구해 던진 폭탄 한 발에 식민지의 투사들은 자신의 실존을 걸어야 했다. 의열단의 의열투쟁은 임시정부의 한인애국단이 이어받아 6년 후 도쿄 사쿠라다몬(櫻田門)의 이봉창과 상하이 홍커우 공원의 윤봉길 의거로 이어지면서 숱한 유·무명 독립운동가들은 담대한 걸음으로 광복의 날로 나아가고 있었다.

11

'대한독립'과 결혼한, 조선이 낳은 '혁명 여걸'

고문당한 몸을 추슬러 미국으로 유학간 35살 김마리아

"대한독립과 결혼하였다"라는 진부한 표현마저 그의 삶을 아우르는 데 모자랄 정도로 그는 평생 독신으로 독립운동과 민족 교육, 여권 신장을 위해 헌신한 사람이었다. 두 차례의 투옥 중에 여성으로서 치욕적인 고문을 받아 한쪽 가슴을 잃고 늘 안섶과 겉섶의 길이가 다른 특별한 저고리를 입어야 했던 사람이었다.

김마리아(1892~1944). 1927년 5월 미국 파크(Park)대학을 졸업하면서 학사모를 쓰고 사진을 찍었던 35살의 그 시절이 1919년 2·8 독립선언에 참여하면서 독립운동에 투신한 이래 고문으로 얻은 지병을 평생 몸에 지니고 살아야 했던 이 강골의 독립운동가가 가장 행복했던 시기였을지도 모른다.

1927년, 35살 김마리아
미국 파크대학 졸업 사진이다.

조선이 낳은 '혁명 여걸'

김마리아는 우리나라 최초의 장로교회(소래교회)가 설립된 황해도 장연 소래 출신이다. 아버지는 한학자로, 일찍이 기독교 신앙을 받아들여 마을에 교회와 학교를 세운 대지주였다.

김마리아는 선교사 엘레스(A. J. Ellers)가 설립한 연동여학교(1909년 정신여학교로 개칭)를 다니면서 안창호, 김규식 같은 독립운동가와 절친했던 숙부 김필순과 고모 김순애의 영향을 받아 일찌감치 민족의식에 눈을 떴다. 1910년 학교를 수석으로 졸업한 그는 광주 수피아여학교에 교사로 부임했다.

1915년 일본으로 건너가 동경여자학원에서 공부하던 김마리아는 재일본 유학생들이 추진하고 있던 2·8 독립선언 등 3·1운동의 준비 단계에서 독립운동에 뛰어들었다. 그는 재일 조선 청년독립단의 2·8 독립선언 대회에 참가해 만세를 불렀으나, 2·8 독립선언서에 서명한 조선 청년독립단 대표 11명 중 여학생은 없었다. 그는 여자가 남자와 동등하게 독립운동에 참여하지 못하는 현실에 문제의식을 느꼈고 독립운동에서 여성들의 참여 확대 문제를 고민하게 되었다.

1919년 2월 17일, 졸업을 포기하고 김마리아는 요코하마 여자신학교에서 유학하던 정신여학교 후배 차경신과 함께 일본 여성으로 변장하여 독립선언서 10여 장을 기모노의 허리띠에 숨겨 귀국했다. 그러나 도쿄 여자 유학생 그룹과 경성의 여학교 대표자들의 연합 기구를 조직하려는 시도는 비밀이 새어 나가 모교 기숙사에서 일경에게 체포됐다.

총독부 경무 총감부에 끌려간 그는 혹독한 심문과 고문을 받았다. 김마리아는 출소 후 이때의 고문 후유증으로 코의 뼛속에 고름이 생기는 고질병인 유양돌기염에 걸려 세브란스병원에 입원해야 했고 평생을 상악골 축농증에 시달리게 되었다.

> "일본 사람들이 나를 얼마나 고문했는지, 물과 고춧가루를 코에 넣고 가마에 말아서 때리고 머리를 못 쓰게 해야 이런 운동을 안 한다고 시멘트 바닥에 구둣발로 머리를 차고……. 그러나 내 정신은 똑똑해서 '너희가 할 대로 다 해라. 그러나 내 속에 품은 내 민족 내 나라 사랑하는 이 생명만은 너희가 못 빼내리라' 하고 생각했어."
>
> - 『김마리아』(박용옥, 홍성사, 2003) 중에서

그는 가혹한 신문을 받으면서도 시종 당당하기만 해서, 일본 검사가 "너는 영웅이다. 너보다도 너를 낳은 네 어머니가 더 영웅이다."라고 말할 정도였다. 이에 김마리아는 "조선 사람으로서 독립운동을 하는 것은 당연한 일이오. 남자가 활동하는데 여자가 못할 이유가 있소?"라고 되물었다고 한다.

김마리아는 '보안법' 위반으로 서대문형무소에서 4개월 동안 수감되었다가 7월에 예심의 면소 처분을 받고 풀려났다. 고문으로

몸은 망가졌지만, 그는 출옥 후에도 활동을 이어갔다. 1919년 10월 정신여학교 부교장인 미국인 선교사 천미례(L. D. Miller) 사택 2층에서 비밀리에 여성 지도자 16명:61을 모아 지난 3월 투옥된 지사들의 옥바라지를 목적으로 만들어진 대한애국부인회를 재조직하고 회장에 추대되었다.

오현주의 밀고, 그리고 망가진 몸을 이끌고 중국으로 탈출하다

대한애국부인회는 활동한 지 두 달 만에 약 6,000원이라는 거액의 군자금을 모아 상하이로 보내는 성과를 거두었고, 교회 지도급 여성과 여교사·간호원 등이 주축인 백수십 명의 회원을 확보했으나 그해 11월 말께 한 간부:62의 밀고로 일제히 체포됐다. 52명이 체포돼 대구경찰서에 압송되어 조사받았으나 김마리아 등 9명만 기소되었다.

혹독한 심문에도 굴하지 않는 김마리아의 기개에 일본 검사는 "김마리아는 인격과 재질이 비범한 천재나, 대담하고 거만하며, 가증한 것은 '나는 일본의 연호를 모르는 사람이라.' 하니 그의 눈

:61 이혜경, 황에스더, 장선희, 이정숙, 김영순, 신의경, 백신영 등이다.
:62 밀고자는 애국부인회의 전신인 혈성단애국부인회를 주도해 조직한 오현주(1894~1989)다. 그는 독립 전망이 불투명해지자 친일 전향했고, 1949년 반민특위에 남편과 함께 체포되었으나 불기소 처분을 받았다.

에 일본제국이란 것은 없다."라고 기록하기도 했다.

이들은 모두 경찰의 끔찍한 폭력에 노출되었다. 특히 김마리아는 여기서 혹독한 고문을 받으면서 육신과 정신의 파괴를 겪어야 했다. 발가벗겨지고, 인두와 쇠꼬챙이가 쓰인 끔찍한 고문은 여성의 영혼을 짓밟는 폭력이었다. 그가 안섶과 겉섶의 길이가 다른 특별한 저고리를 입어야 하는 고통스러운 흉터를 얻은 것도 여기서였다.

그는 거의 죽음 직전에까지 내몰렸다. 살아서 나갈 가망은 전혀 없는 것처럼 보일 만큼 처참하게 망가진 그의 모습을 보고 기독교 선교사들이 움직이기 시작했다. 거기에 사경을 헤매는 그의 상태 때문에 일제도 보석을 허가하지 않을 수 없었다. 대구의 선교사 사택 등으로 주거 제한을 받은 상태로 풀려난 김마리아는 생명을 위협하는 병증, 귀와 코에 들어찬 화농을 치료하기 위하여 무려 세 차례나 수술을 받았다.

1921년 4월, 김마리아는 사가(私家)에서 요양하려 한다며 성북동의 농가에 월세방을 얻었다. 6월 20일에 징역 3년 형이 확정되었고, 아흐레 뒤에 김마리아는 농가에서 홀연히 자취를 감추었다. 세브란스병원에서 퇴원하여 인력거에 오른 그는 다음 날 새벽 인천으로 갔고 7월 초에 상하이 망명자들의 가족과 함께 밀항선에 올라 7월 21일에야 산둥반도 웨이하이(威海) 항에 닿을 수 있었다. 일제의 눈을 피해 극비리에 진행된 이 망명은 4,000원의 거금을 망명과 정착 비용으로 지원한 선교사 맥큔(G.S. McCune)과 임시정부 요원 윤웅념의 도움으로 성사되었다.

상하이로 망명, 국민대표회의에서 개조파에 서다

　김마리아의 탈출 소식은 일간지에 대서특필되었고 친지와 동료
는 물론, 그를 지켜본 국민도 그의 망명을 기뻐해 마지않았다. 상
하이의 망명자들도 김마리아를 열렬히 환영했고 건강이 회복되기
를 기다려 환영회를 열어주었다. 그는 3·1운동을 즈음하여 여성
의 투쟁과 수난을 대표한 상징적 인물로 부상해 있었다.

　당시 임정에서는 침체에 빠진 독립운동의 새로운 방향을 모색
하려는 움직임이 일면서 국민대표회의 소집이 제창되었다. 김마리
아는 애국부인회 대표 자격으로 참여하였다. 국민대표회의에는
임정의 존속을 주장하는 김구·이동녕이 불참한 가운데, 임정의
정통성을 근거로 임정을 계속 유지할 것을 주장하는 안창호·여
운형 등의 개조파와 임정을 없애고 새로운 정부를 만들어 본격적
인 무장투쟁으로 나아갈 것은 주장하는 신채호·박용만 등의 창
조파가 대립하였다. 김마리아는 시종일관, 임정이 수만의 유혈로
성립한 국민의 정부이므로 잘못이 있다면 개조하여 통일된 독립
운동을 해야 한다는 주장을 견지하였다.

　5개월의 난상 토론 끝에 국민대표회의는 결렬되고 말았지만, 김
마리아는 이를 회의하거나 비판하지 않았다. 그는 어느 쪽 주장
이든 모두가 나라와 민족을 위한 노력이고 활동이라고 평가하면

1925년 김마리아(왼쪽)가 미국에 머물 당시, 상하이에서 돌아온 안창호(가운데)를 환영하며 차경신과 찍은 사진.

서 민족 독립의 희망적인 과정의 일부로 이해하고 있었다.

미국으로의 두 번째 망명길

국민대표회의 결렬 직후인 1923년 6월, 김마리아는 중국 여권을 가지고 미국 유학을 위한 두 번째 망명길에 올랐다. 미주리대학에서 여름 계절학기 수강을 포함하여 파크대학에서 문학사 학위와 평생 교사 자격증을 따고 시카고대학원, 컬럼비아대학교 사범대학원, 뉴욕신학대학 종교교육학과에서 공부했다.

유학이라고 하지만, 오롯이 자신의 노동으로 생활비와 학비를 마련해야 했다. 가정부, 요양병원 간호 보조원, 대학 도서관의 사서 보조. 요리사, 가사 도우미, 여급, 점원, 행상 등 할 수 있는 일은 모두 다 하는 수밖에 없었다. 그러면서도 그는 1932년까지 약 9년간 미국에서 학업과 독립운동을 병행했다.

1932년 7월, 고국으로 돌아와 함경남도 원산의 마르다 윌슨 여자신학교 교수로 취임했을 때, 김마리아는 마흔이었다. 그는 이 학교에서 기독교 여성 지도자를 양성하던 중 1934년 조선예수교장로회 여전도회장으로 선출되었다. 그는 조선어 사용을 금지하고 창씨개명을 강요하는 일제의 탄압 속에서도 학생들에게 성경을 통해 조국과 민족 사랑을 가르치는 데 진력했다.

일제는 기독교계 학교에 보급된 신사참배를 교회로까지 확장하기 위하여 압력을 행사하고, 1938년 조선예수교장로회 총회의 신사참배 결의를 계기로 각 교파의 목회자들까지 신사참배에 나섰지만, 김마리아가 이끄는 여전도회는 공식적 모임을 회피함으로써 신사참배를 거부했다.

고문 후유증으로 떠난 뒤, 남긴 것은 수저 한 벌

1944년 3월 13일, 김마리아는 광복을 1년여 앞두고 차마 감기지 않는 눈을 감았다. 두 차례의 투옥 중에 받은 고문 후유증이 그의 목숨을 너무 빨리 거두어 갔다. 향년 52세. 독신으로 독립운동과 민족 교육, 여권 신장을 위해 헌신한 이 담대한 여성의 유품은 달랑 수저 한 벌이었다.

김마리아의 유해는 유언에 따라 화장되어 대동강에 뿌려졌다.

해방 뒤 정부는 1962년 김마리아에게 건국훈장 독립장을 추서하였다. 강건했던 독립운동가도 총독부의 집요한 공작과 회유 앞에서 흔들리고 변절하는 예가 없지 않았다. 그러나 김마리아는 혹독한 고문과 지속적인 탄압에 시달리면서도 조국 독립에 대한 초심을 잃지 않았다. 그가 떠나자 도산 안창호가 "김마리아 같은 여성 동지가 10명만 있었던들 대한은 독립이 됐을 것"이라고 했을 정도였다.

12

일제의 압제와도 싸우고,
참혹한 궁핍과도 싸우다

홀로 두 아이를 키우며 독립운동을 하던 33살 박자혜

1928년 12월 12일 「동아일보」 5면에는 "냉돌에 주린 창자 쥐고 어머니 무릎에 두 아이 울고[냉돌(冷突)에 기장(飢腸) 쥐고 모슬(母膝)에 양아(兩兒) 제읍(啼泣)]"라는 기사가 실렸다. '신채호 부인 방문기'라는 부제가 달린 이 기사 한쪽에 '박자혜 산파'라는 간판을 단 건물과 함께 박자혜(1895~1943)의 사진이 실렸다. 연약한 인상이라고 할 수 없는데도 기사 탓일까, 어쩐지 그는 지치고 힘들어 보인다.

부제 앞에는 '이역 철창리(鐵窓裏)에 풍운아 남편 두고 어린 두 아이 기르는 신채호 부인'이라는 설명이 붙었다. 여기 실린 사진이 박자혜가 남긴 거의 유일한 사진 같다. 기사에 나온 대로 박자혜는 당시 조산원을 운영하고 있었으나 수요도 크지 않은데 산파들이 도시에 몰려 있어 수익은 미미했다고 한다. '삼순(三旬)에 구식(九

1928년, 33살 박자혜
「동아일보」(1928. 12. 12.) 기사에 딸린 사진이다.

食)으로 3모자 겨우 연명'이라는 설명이 붙은 이유다.

궁녀 출신의 전문직 여성, 간호사들의 독립 만세를 이끌다

박자혜(1895~1943)는 중인 출신으로 어릴 때 아기 나인으로 궁궐에 들어가 10여 년을 궁녀로 살았다. 일제 강점이 시작되면서 궁녀 신분에서 벗어나 숙명여학교를 졸업하고 사립 조산부 양성소를 나왔다. 조산부 자격을 얻은 박자혜는 총독부 의원 산부인과에 취업하여 3년여를 근무하였다.

1919년 3월 3·1운동이 일어나자, 박자혜는 총독부 의원 간호사들의 만세 시위를 주도했고, 주요 병원 간호사들의 파업과 태업을 이끌었다. 조선총독부의 조선인 감시 보고서 「사찰휘보」가 "박자혜는 과격하고 언변이 능한 자, 총독부 의원·간호사 모두를 대상으로 독립 만세를 고창한 주동자"라고 기록할 정도였다.

박자혜는 일경에게 체포되었으나, 총독부 의원 원장이 책임을 지겠다며 간호사들의 신병을 인수하면서 풀려났다. 더는 일본인들을 위해 일할 수 없다고 생각한 그는 만주의 지인에게 부탁하여 지린성에 있는 아버지가 위독하다는 가짜 전보를 쳐달라고 부탁했고, 이 전보를 평계로 2주간의 휴가를 얻어 펑톈(奉天)행 열차를 타고 중국으로 망명했다.

지인의 주선으로 박자혜는 1919년 베이징의 옌칭(燕京)대학 의예과에 입학하였다. 그가 신채호(1880~1936)를 만난 것은 베이징에서 생활한 지 약 1년이 지난 1920년 봄이었다. 당시 신채호는 우당 이회영:63이 불러 베이징에 막 닿았을 땐데, 이회영의 부인 이은숙이 두 사람의 만남을 주선한 것이었다. 첫 부인과 별거한 뒤에 10년간 독신으로 지낸 40살의 신채호와 25살 박자혜는 베이징의 한 셋집에서 신접살림을 차렸다.

둘째 임신해 돌아온 고국, 기다리고 있는 건 절대 궁핍이었다

이듬해인 1921년 음력 1월 박자혜는 첫아들 수범을 낳았다. 1922년 박자혜가 둘째를 임신했을 때, 약간의 원고료 수입과 후원으로 근근이 생계를 이어온 신채호는 더는 감당하기 어렵다고 보고 아내와 수범을 조국으로 돌려보냈다.

박자혜는 인사동 122번지에 조산원 간판을 내걸고 아이들과 생활을 시작하였지만, 여성들이 출산을 산파에게 의존하지 않았던 시절이라 극심한 경제적 궁핍에 시달렸다. 「동아일보」가 기사에서 "열 달이 가야 한 사람의 손님도 찾아오지 않아 산파소 간판을 달아놓은 것이 남에게 부끄러울 지경"이고, "아궁이에 불 때는 날이 한 달이면 사오일"이라고 개탄할 정도였다.

일제의 감시로 조산원도 문을 닫고 참외 장사 등 노점상도 마

:63   이회영(1867~1932)은 일제강점기 시대 아나키스트 계열의 독립운동가이다.

다하지 않았지만, 홀로 아이를 키우면서 생계를 해결하기는 쉽지 않았다. 그래도 국내의 지사들과 연락이나 밀입국한 독립운동가 안내 등 독립운동 지원도 그 시절 국내의 독립운동가 가족들이 도맡은 일이었다.

신채호는 1923년 김원봉을 만나 의열단에 참여하게 되었고, 박자혜는 남편과 연락을 유지하면서 독립운동을 도왔다. 그는 1924년에 정의부:64가 결성된 후에 군자금을 모금하고자 요원을 국내에 파견하였을 때 보천교:65 간부인 한규숙을 소개하였다. 1926년 12월에 일제의 토지 수탈기관인 동양척식주식회사(동척)에 폭탄을 던진 나석주 의거 때 서울의 길 안내를 지원한 이도 박자혜였다.

박자혜가 남편을 마지막으로 만난 것은 1927년, 아들과 함께 베이징으로 가는 길의 여관에서였다. 지인의 집에서 함께 지낸 한 달여가 박자혜에게는 남편과의 마지막 해후였다. 이번에도 신채호는 경제적인 이유 때문에 아내와 아들을 국내로 돌려보낼 수밖에 없었다.

:64 정의부(正義府)는 1924년 만주에서 조직되었던 독립운동단체. 1920년 청산리전투 후 일본군의 간도 학살과 1921년 자유시참변 등으로 만주·연해주에서의 독립운동이 한때 분산·침체하면서 독립운동단체 통합이 절실히 요구되어 우여곡절 끝에 만들어진 독립운동연합체다.

:65 차경석이 창시한 증산교 계열의 신흥종교.

이듬해인 1928년 5월, 신채호는 잡지 발행 자금을 조달하고자 위조화폐를 가지러 타이완의 지룽(基隆)항에 상륙하다가 체포되어 다롄(大連)으로 압송되었다. 그는 치안유지법 위반과 유가증권 위조 등의 혐의로 재판에 넘겨졌고, 「동아일보」가 박자혜 방문 기사를 쓴 것이 그해 연말이었다.

당시엔 난산일 때만 산파를 찾는 등 수요가 많지 않아, 박자혜는 두 아이를 기르면서 끼니를 때우지 못하는 날도 많았다. 끊임없는 일경의 감시와 폭력도 감당해야 했다. 더 견디기 힘든 일은 차디찬 감옥에 있는 남편이 너무 춥다며 두툼한 솜옷을 보내달라는 요청조차 들어줄 수 없다는 것이었다. 방 한 칸의 월세 6원 50전도 제때 내지 못하는 처지에 솜옷은 언감생심이었다.

편지로 이런 처지를 알게 된 신채호는 "내 걱정은 마시고 부디 수범 형제 데리고 잘 지내시며 정 할 수 없거든 고아원으로 보내시오."라는 답장을 보냈다. 어린 자식을 고아원에 보내라고 말할 수밖에 없는 아비, 그런 답신을 받으면서도 아이들 교육을 포기할 수 없는 어미, 그리고 굶기를 밥 먹듯 하면서도 공부를 이어간 아들들, 그것이 일제 식민지로 전락한 지 20년 전후의 한국인들이 처한 현실이었다. 앞의 「동아일보」 기사는 바로 그런 상황을 보도한 것이었다.

체포된 신채호도 스러지고

이 보도로 신채호의 체포 소식과 일가의 어려움이 알려지자, 전국에서 독자들의 후원이 이어졌다. 무명씨 1원, 10원, 강계 동인의원 김지영 10원, 이천군 박길환 5원, 정주군 이승훈 5원 등이었다. 그리고 1929년에도 천도교 부녀회에서 7원을 보내왔다. 당장 급한 불을 끄는 데는 요긴했을 것이나 그것으로 궁핍이 해결될 수는 없는 일이었다.

신채호는 1930년 5월 다롄지방법원에서 10년 형을 선고받고 뤼순 감옥에 수감되었다. 1935년, 그의 건강이 매우 악화하자 형무소 당국은 "보호자가 있으면 출소시키겠다."라고 했으나, 신채호는 보증인이 친일파라는 이유로 가석방을 거절하였다.

1936년 2월 18일, 신채호는 뤼순 감옥 독방에서 뇌내출혈로 쓰러졌다. 박자혜와 두 아들이 뤼순 감옥으로부터 '신채호 뇌일혈:66, 의식불명, 생명 위독'이라는 전보를 받은 것도 같은 날이었다. 지인의 도움으로 박자혜와 장남 수범이 서둘러 뤼순으로 달려갔다. 이들은 21일 면회를 신청해 신채호를 1시간가량 면회했으나 신채호는 여전히 의식불명이었다.

결국 신채호는 그날로 눈을 감았고, 박자혜는 사흘 뒤에야 남

:66 뇌일혈은 과거에 쓰던 뇌내출혈 이름이다.

편의 시신을 수습하고 화장할 수 있었다. 1910년 망국을 앞두고 압록강을 건너 망명했던 신채호는 26년 만에 유골이 되어 그 철교를 건너 고국으로 돌아왔다. 사복 헌병이 유골을 뒤적이는 수모까지 겪으면서 돌아왔지만, 박자혜는 장례 절차를 진행할 수 없었다. 신채호는 1910년에 망명하였으므로 1912년 시행된 조선 민사령:67에 따른 호적이 없었기 때문이었다. 결국 면장으로 있는 종친의 주선으로 '공개적 암장(暗葬)'으로 장례를 치러야 했다(이 종친은 이 일로 결국 파면되었다).

신채호는 충북 청주시 고드미마을 상당산 기슭에 묻혔다. 남편을 묻으며 박자혜는 이제 모든 희망이 아주 끊어지고 말았다고 말했다고 한다. 참혹한 궁핍과 일제의 압제를 견디게 한 힘은 '독립과 남편의 석방'이었으니, 남편의 죽음은 무엇에도 견줄 수 없는 상실과 좌절이었을 것이다.

중국 망명 시절에 베이징에서 신채호를 따랐던 『상록수』의 작가 심훈(1901~1936)은 그의 순국 소식을 듣고 아버지를 잃은 아들 수범에게 위로와 당부의 말을 전했으나, 그것이 박자혜에게 얼마나 위로가 되었을까.

:67 1912년 3월에 제정된 법령. 일제강점기에 우리 국민의 민사 관계를 규율하는 법령으로 일본의 민법, 상법 등 기본법은 물론 소송법과 신탁법, 경매법에 이르기까지 모두 31개 일본 민사법률을 그대로 원용하고 있다. 단재의 국적 회복은 2009년에야 이루어졌다.

"수범아, 나는 오늘 신문을 보고서야 네 이름을 알았다. 네 나이 어느덧 열여섯이니 지각이 날 때가 되었구나. 수범아, 너무 서러워하지 마라. 나는 너의 뼈와 핏속에 너의 어르신네의 재(才)와 절(節)이 섞였을 것을 믿는다!"

둘째 앞세우고, 해방 전에 셋방에서 외롭게 떠나다

남편을 잃은 박자혜는, 일제의 감시와 탄압에 견디지 못하고 경성실업학교를 중퇴하고 해외로 떠나는 맏아들 수범(1921~1991)을 보냈고, 1942년에는 영양실조로 사망한 둘째 두범을 묻어야 했다. 그리고 자신은 해방을 두 해 앞둔 1943년 10월 16일, 셋방에서 쓸쓸하게 눈을 감았다. 향년 47세. 화장한 그의 유해는 한강에 뿌려졌다. :68

독립 유공자 가운데 여성의 비율이 3%가 채 되지 않는 현실은 옥바라지와 경제활동, 양육까지 병행하며 항일투쟁에 참여한 여성들의 희생이 재조명되어야 할 필요성을 웅변으로 증명한다. 그늘에 가려진 부인들의 뼈를 깎는 희생은 남편에 부수되는 '내조'

:68 신채호에게 건국훈장 대통령장이 추서된 것은 1962년이다. 신채호가 자랐던 충청북도 청주시 상당구 낭성면 귀래리에 그의 묘소와 사당(1978)과 기념관(2003)이 건립되었다. 박자혜는 신채호의 묘소에 위패로만 묻혀 있다. 사당 앞에는 신채호와 박자혜의 동상이 세워졌다. 박자혜에게 건국훈장 애족장이 추서된 건 광복 45년 뒤, 신채호의 수훈 28년 뒤인 1990년이었다.

가 아니라 동등한 '투쟁'으로 바라보는 인식이 아쉽다. 내로라하는 독립운동가들의 투쟁과 헌신은 바로 그들 가족의 희생을 전제로 가능했기 때문이다.

13

'신일본인'에서 '독립투사'로, 짧고 강렬한 반전의 삶

일왕에게 수류탄을 던진 32살 이봉창

까만 배경에 폴로 코트로 보이는 외투 주머니에 손을 찌른 청년이 이를 드러내고 활짝 웃고 있다. 한때 '기노시타 쇼조(木下昌藏)'라는 일본 이름으로 불리기도 한 이 청년은 서울 출신의 31살 이봉창(1900~1932). 〈위키백과〉에서는 이 사진이 1931년 12월 17일에 촬영된 것으로 적고 있으나, 확실하지는 않다.

1931년 초에 그는 상하이 임시정부의 김구:69를 찾아와 독립

:69 당시 김구는 임정의 재무부장과 상하이 대한교민단장을 맡고 있었는데, 비밀 조직 특무대의 책임자로 임명됐다. 김구는 이 특무대의 활동이나 인물 선전 등 모든 권한을 위임받고, 그 결과만 임정에 보고하였다. 이 특무대가 한인애국단이라는 이름으로 조직된 것으로 추정된다.

1931년, 31살 이봉창
일왕 폭살 미수 의거 전에 상하이에서 찍은 사진이다.

사업에 헌신할 뜻을 밝혔고, 1931년 12월 13일에 한인애국단에 입단하고 "나는 적성(赤誠)으로써 조국의 독립과 자유를 회복하기 위하여 한인애국단의 일원이 되어 적국의 수괴를 도륙하기로 맹세하나이다."라는 가입 선서문을 자필로 썼다.

한인애국단은 1920년대 중반 이후 임시정부가 겪었던 곤경을 극복하고, 1931년 만보산 사건:70과 만주사변 등으로 말미암아 침체된 항일 독립운동의 활로를 모색하고자 조직한 임정의 특무 활동 기관이었다. 한인애국단에 가입하고 선서할 때는 이미 과업이 주어진 뒤인 셈이니, '적국의 수괴'란 바로 일왕이다. 〈위키백과〉 기록이 맞다면 거사를 위해 길을 떠나기에 앞서 찍은 마지막 기념사진일 것이다. 12월 17일에 이봉창은 몸에 폭탄을 숨기고 배를 타고 상하이를 떠나 고베(神戸)로 향했기 때문이다.

:70 1931년 7월 2일 중국 길림성 장춘현 만보산 지역에서 당시 만주로 대량 이주한 조선인과 중국인 농민 사이에 수로(水路) 문제로 일어난 충돌 및 유혈사태로, 만주사변을 촉발했다. 일제는 이 충돌을 과장 왜곡 보도하게 하여 조선 내 각지에서 중국인 배척 운동이 일어나 중국인 희생자가 다수 발생하면서 중국인들의 반한 감정도 높아졌다. 특히 일제가 만주사변을 일으키며 대륙 침략을 본격화하자 조선인은 일본의 대륙침략 첨병이나 스파이로 오인되기 쉬웠다. 이에 따라 중국인들이 한인 독립운동에 지원과 협조를 하지 않게 되면서 임정은 고립되기에 이르렀다.

'조선인 차별'을 숙명으로 받아들였던 노동자의 '반전'

용산의 문창 보통소학교를 졸업하고 일본인이 경영하던 과자점 점원과 용산역 연결수(連結手) 등으로 일하던 이봉창은 조선인에 대한 차별을 일상적으로 겪어야 했다. 그러나 일본인 가게에서 배운 일본말을 유창하게 구사할 수 있었던 그는 '조선인 차별'을 반일 민족의식으로 승화하기보다는 피할 수 없는 것으로 받아들였던 것 같다.

열아홉 나이에 3·1 만세운동을 겪었지만, 이봉창은 당시 비폭력 평화적 반일 시위가 있었다는 것만 알았지, 그 운동의 목적과 계기에 관해서 무지했으며 따로 관심도 없었다. 이봉창은 1925년 일본으로 건너가 오사카에서 일본인의 양자가 되었고, 기노시타 쇼조라는 이름을 얻었다. 그는 일본인으로 행세하며 노동과 장사 등에 종사하였다. 일본에서 그는 여자와 술과 도박 등 향락을 즐기면서 살았다.

그가 일제에 순응하는 조선인에서 민족적 정체성을 자각하게 된 것은 히로히토의 즉위식을 구경하러 오사카에서 교토로 갔다가, 지니고 있던 한문이 섞인 한글 편지 때문에 경찰에 체포되어 11일간 유치장에 억류된 경험이 결정적이었다. "경술 병합 후 '신일본인'이 되어 천황 폐하의 성안(聖顏)을 뵌 적도 없음"을 부끄러워하며 교토로 갔던 기노시타는 비로소 조선인 이봉창으로 되돌아왔다.

… 남을 원망하고 세상을 원망하게 되었고, 따라서 사상도 저절로 변해… 누군가가 이끌어주는 사람이 있으면 들어갈 기분이었다. 자신은 조선인이기 때문에 아무래도 조선의 독립운동에 몸을 던져 우리 2천만 동포의 자주권을 위해 일하지 않으면 안 된다고 마음먹었다.

- 이봉창이 형무소에서 쓴 수기 형식의 자술서 중에서

　임시정부가 있던 상하이로 온 이봉창은 안중근의 동생 안공근:71을 통해 임시정부 요인들과 만나게 된다. 일본어를 유창하게 구사하는 데다가 일본 옷을 입고 게다를 끌고 다니며, "말에 절반은 일어이고 동작 또한 일본인과 흡사한"(『백범일지』) 그를 임정에서는 '일본 영감'이라 하면서 매우 경계하였다. 그러나 백범은 그를 유심히 살펴보고 있었다.

　어느 날, 임시정부에서 겸하고 있던 상하이 대한교민단에 와서 직원들과 술과 음식을 먹던 이봉창이 "당신들은 독립운동을 한다면서 일본 천황을 왜 못 죽입니까?" 하고 물었다. 그게 쉬운 일이냐고 되묻는 직원에게 이봉창이 다시 한 말을 백범은 예사롭지 않게 받아들였다.

:71　안공근(1889~1939)은 임시정부의 외교관으로 한인애국단의 조직에 참여한 독립운동가. 1995년 건국훈장 독립장 추서.

"내가 작년 동경에서 천황이 지나간다고 행인을 엎드리라고 하기에 엎드려서 생각하기를, 내게 지금 폭탄이 있다면 쉽게 죽일 수 있지 않을까 싶었습니다."

그날 밤, 이봉창을 찾아가 피차 속마음을 털어놓으면서 백범은 비로소 그가 '의기'(義氣) 남자로 '살신성인'할 결심을 품고 임시정부를 찾아왔음을 알게 된다.

"제 나이 31세입니다. 앞으로 다시 31년을 더 산다 해도 과거 반생에서 맛본 방랑 생활에 비한다면 늙은 생활에 무슨 취미가 있겠습니까? 인생의 목적이 쾌락이라면 31년 동안 인생의 쾌락은 대강 맛보았습니다. 그런 까닭에 이제는 영원한 쾌락을 얻기 위하여 우리 독립 사업에 헌신하고자 상해에 왔습니다."

- 김구, 『백범일지』(돌베개, 2014) 중에서

이봉창의 이 말에 김구는 감동했다. 백범은 "나는 이씨의 위대한 인생관을 보고 감동의 눈물이 벅차오름을 금할 길이 없었다."라고 『백범일지』에 썼다.

이봉창은 김구의 지시에 따라 상하이의 일본인 거주 지역인 훙커우(虹口)에 가서 일본인 행세를 하면서 인쇄공장과 악기점 종업원으로 일하면서 일본인의 신임을 얻었다. 그동안 김구는 중국군으로 복무하며 상하이 병공창(兵工廠) 주임을 맡고 있던 김홍일(중국명 왕웅):72과 중국군의 유치 장군에게서 폭탄 2개를 마련했고, 하와이 애국단 간부들이 특무공작 지원금으로 보내온 1,000달러를 준비했다.

그리고 12월 11일, 백범은 이봉창을 상하이의 프랑스 조계 여관으로 불러 일본행을 상의했다. 그는 일본으로 가기 전에 행장을 준비하라며 돈 300달러를 이봉창에게 건넸다.

그 무렵 임정의 재정은 열악하기 이를 데 없었다. 청사 임대료 30원을 내지 못해 건물주, 토지주로부터 고발당했고 청사의 직원과 급사, 경무국 직원들의 월급도 제때 주지 못하였다. 국무위원인 김구조차도 굶기를 밥 먹듯 하던 시절이었다.

이틀 뒤인 12월 13일 이봉창은 안공근의 집에서 선서식을 거행하고 일왕 폭살용과 자살용 등 수류탄 2개를 받았다. 체포 이후의 행동에 대해서도 지시를 받았다. 그날 밤, 김구와 하룻밤을 같이 보낼 때 31살 이봉창은 쉰다섯의 김구에게 이렇게 말하고 머리를 조아렸다.

:72 김홍일은 중국군 제19사단장 대리와 광복군 참모장으로 한국과 중국을 넘나들며 싸웠던 독립운동가다. 광복 후 처음으로 장군으로 임관하여 초대 육군사관학교장을 지냈다. 한국전쟁 발발 직후 시흥지구 전투사령관으로 한강선에서 밀려오는 적을 1주일간 방어하여 한국전쟁 4대 영웅으로 기려진다.

"나는 그저께 돈을 받아 가서 왼 밤을 자지 못하였습니다. 대관절 나를 어떻게 믿으시고 거액을 주셨습니까. 그날에 부르심을 받아 먼저 정부 기관 집으로 간즉 직원들이 밥 못 먹는 것을 보고 내가 돈을 내놓았는데 그 밤에 선생님이 남루한 옷 속에서 거액을 나에게 주심을 보고 놀랐습니다. 만일 내가 그 돈을 낭비하고 다시 아니 오면 어찌하시렵니까. 과연 관대한 도량과 공심을 뵙고 탄복하며 긴 밤을 그대로 새웠습니다."

- 「동경작안(東京炸案)의 진상」 중에서 :73

김구가 누더기를 입고 직원들이 밥을 굶고 있는 걸 보았던 이봉창은 거액의 돈을 건넨 김구가 자신을 깊이 신뢰하고 인정하고 있음을 깨닫고 감격한 것이었다. 일본인으로 행세할 때도 일본인보다 더 유능한 일꾼으로 인정받았던 그는 임정이 자신을 쓸모 있는 인간으로 바라보고 있음을 다시 깨달았을 것이다. 그리고 임정이 부여한 임무에 자신을 온전히 던질 수 있게 되었다는 걸 그는 확신했을 터였다.

이봉창은 12월 17일 일본 우편선을 타고 도쿄로 향했다. 12월 28일 이봉창은 「아사히신문」에서 1932년 1월 8일 도쿄 교외에 있

:73 1932년 이봉창의 일왕 히로히토 폭탄 투척 의거 직후, 김구가 중국 통신사에 배포한 글. 의거의 전모와 이봉창이 어떤 사람인지를 밝혔다.

는 요요기(代代木) 연병장에서 육군 관병식:74이 거행되며 이 행사에 일왕 히로히토가 참석한다는 기사를 읽고 1월 8일을 거사 날짜로 잡았다.

이봉창, "영원한 쾌락을 향유코자" 일본으로 떠나다

이봉창은 김구에게 '1월 8일에 물품을 팔겠다'라는 내용의 전보를 치고 수류탄을 손질했다. 운명의 1월 8일, 이봉창은 오전 8시에 폭탄이 들어 있는 보따리를 들고 현장으로 향했다. 그가 사쿠라다몬(櫻田門) 앞 경시청 부근에서 히로히토 일왕 행렬을 향해 수류탄을 던진 것은 오전 11시 44분에서 45분 사이였다.

제국의 수도 도쿄 한복판에서 신성불가침한 '현인신':75으로 떠받드는 '천황(天皇)'를 향해 폭탄이 던져졌다는 사실은 경천동지할 일이었다. 일제 형법에서 천황과 황족을 모욕하면 '불경죄'를 적용했고, 실질적인 위해가 될 때는 '대역죄'라고 부른 것은 그런 이유에서였다.

수류탄은 폭음을 내면서 터졌지만, 그 위력은 변변치 않아서

:74 지휘관이 군대를 사열하는 의식. 열병식과 분열식이 있다.

:75 현인신(現人神, 아라히토가미)은 "인간의 모습으로 세상에 나타난 신"이라는 뜻. "인간이며 동시에 신"이라는 뜻으로, 제2차 세계대전 종전까지 일왕을 가리키는 어휘였다.

마차가 손상되고 일본 고관대작 두 명이 부상하였으나 불행히도 히로히토는 다치지 않았다. 이봉창은 이내 자신의 거사가 실패한 것을 알았다. 주변 사람들이 체포되는 걸 보고 그는 자기가 했다고 밝히고 바로 체포되었다.

뒷날 그는 그 이유를 "죄 없는 사람에게 죄를 뒤집어씌우는 것은 옳지 않다."고 밝혔다. 일경이 난폭하게 그를 제압하자 이봉창은 "도망치거나 숨지 않을 테니 난폭하게 굴지 말라."고 일갈하고 경시청으로 연행되었다.

> "나는 분명히 일왕을 폭사시킬 생각으로 폭탄을 던진 것이다.
> 폭탄의 위력이 부족해 목적이 달성되지 못한 것을 유감으로
> 생각한다."

이봉창은 9차례의 신문에서 시종 당당하고 의연한 태도를 지켰다. 이봉창의 공판은 구형과 선고, 단 두 번으로 끝났다. 1932년 9월 30일 '대역죄인'으로 사형을 선고받았다. 사형이 선고되는 순간에도 이봉창의 태도나 표정에는 아무런 변화도 없었다고 한다. 한때 쾌락주의자로 '신일본인'이 되고자 했던 '기노시타 쇼죠'는 비로소 '이봉창'으로 돌아와 일제의 대역죄인으로 죽는 비장한 반전의 주역이 되었다.

제1호 한인애국단원, 이치가야 형무소에서 순국

1932년 10월 10일 오전 9시 2분, 이봉창은 도쿄의 이치가야 형무소에서 교수형으로 순국했다. 향년 32세. 그의 유해는 도쿄 서북쪽으로 멀지 않은 사이타마현 우라와 형무소 묘지에 묻혔다. 헤어질 때 백범의 얼굴에 처연한 기색을 보고 "저는 영원한 쾌락을 향유코자 이 길을 떠나는 터이니, 우리 두 사람이 기쁜 얼굴로 사진을 찍으십시다."라고 위로했던 제1호 한인애국단원 이봉창은 그렇게 갔다. 이봉창이 순국하던 날 김구는 전체 단원에게 단식을 명하여 그의 죽음을 추모하였다.

의거 이후 일제는 김구 등 임시정부 요인들이 배후일 것으로 판단하고 임시정부가 있는 프랑스 조계의 프랑스 공무국에 김구 체포에 협력해달라고 강력히 요청하였다. 의거로부터 약 3주 뒤인 1932년 1월 9일에 김구는 임시정부의 기초정당인 한국독립당 명의의 이봉창 도쿄 의거에 대한 짤막한 성명을 발표하였다. 이어서 1월 10일 한국독립당 명의로 '이봉창 의거' 선언문을 발표했다. 선언은 "포악한 왜구가 저지른 모든 책임이 바로 이 자에게 있고, 도둑을 소탕하려면 먼저 그 수령을 잡으라는 말이 있다."라고 하면서 일왕에 대한 이봉창 의거의 정당성을 밝혔다.

한국독립당 선언은 중국의 신문에 게재되고 다른 한인 독립운동 단체들이 중국 각 지역에 우송하였다. 식민지의 청년이 단신으로 '일본 제국주의 상징'인 일왕을 향해 폭탄을 던진 의거는 사실상 일제에 야금야금 먹히고 있던 중국에 큰 충격을 안겼다. 중국 언론들은 이봉창 의거 소식을 전하면서 그를 '의사(義士)'와 '지사(志士)'로 부르며 거사를 높이 평가하였다. 그의 의거는 만보산 사건 이후 악화 일로였던 한중 관계를 단숨에 뒤집었다.

이봉창 의거는, 비록 실패했지만 '1930년대 한국 독립운동사를 장식하는 의열투쟁의 선봉'이었다. 또 일제가 신격화한 일왕의 행차에, 그것도 적의 심장부인 도쿄에서 폭탄을 던짐으로써 한국 독립운동의 역동성과 한국인의 지속적인 저항 의지를 전 세계에 과시했다.

실패했으나 '1930년대 의열투쟁의 선봉', 또는 반전의 삶

무엇보다도 이봉창 의거는 존폐의 갈림길에 서 있던 임정의 건재를 만방에 알리는 계기가 되었다. 또 이는 같은 해 4월 29일, 윤봉길(1908~1932)의 상하이 홍커우 공원 의거의 성공으로 이어지면서 국제적 지원까지 얻게 되는 등 침체 일로의 독립운동에 다시 활력을 불어넣었다.

광복 후 귀국한 김구는 1946년 이봉창, 윤봉길, 백정기 의사의 유해를 봉환하여 효창공원에 안장하니 이 묘역이 삼의사 묘다. 자신이 사지로 보낸 두 젊은이를 조국에 데려와 묻은 김구는 3년 후에 현역 육군 장교의 총에 맞아 숨졌고, 삼의사 묘역 왼쪽 위에 묻혔다.

이봉창은 평범한 식민지의 청년이었다. 일제의 차별이 불만스러워도 거기 순응하면서 '신일본인'으로 살아가려고 했으나, 일왕 즉위식을 참관하려다 구금된 경험은 그의 정체성을 환기했다. 자신을 이끌어줄 마땅한 사람을 만나지 못해 일본인으로 살던 그는 더는 자신을 속일 수 없음을 깨닫고 '조선인'으로 사는 길을 선택했다.

가난 때문에 소학교를 졸업한 14살 때부터 노동자로 살아온 이 청년에게 조선인으로 사는 길이란 곧 독립운동에 투신하는 것이었다. 그는 상하이 임정을 찾았고, 자기 선택과 의지를 깊이 신뢰해 준 김구를 만나 스스로 사지로 의연히 걸어갔다.

'조선인으로 산다'라는 것이 바로 독립운동에 뛰어든다는 사실을 의미하지는 않는다. 이봉창이 '조선인'이라는 사실을 감추지 않고 사는 것으로도 그는 조선인으로서의 민족적 정체성을 지킬 수 있었다. 그러나 그는 굳이 상하이로 달려가 임정의 사명을 받아 죽음의 길로 나아갔다. 그래서 그가 선택한 반전의 삶이 던지는 건 한 인간의 승리이자 대한민국 임시정부의 승리이며, 동시에 한국인을 일제에 동화시키고자 한 일제 식민지 정책의 패배이기도 했다.[76]

이봉창은 지금 효창공원 백범기념관 앞에 수류탄을 던지는 모

---

[76] 이봉창에게는 1962년 대한민국 건국훈장 대통령장이 추서되었다.

습의 동상으로 서 있다. 그러나 그 비장한 모습보다는 그가 남긴 마지막 사진 속 외투 주머니에 손을 찌르고 이를 드러내며 활짝 웃고 있는 낙천적 모습에서 드러나는 인간주의적 면모가 훨씬 더 깊은 울림으로 다가온다.

14

'중국 백만 대군이 못한 것'을 해낸
스물넷 청년의 '의거'

홍커우 공원 폭탄 의거를 수행한 24살 윤봉길

대한민국 14년(1932) 4월 26일, 상하이시 황푸구 황푸난루 863
번지, 한인애국단 본부로 이용하고 있던 안공근의 집에서 단원이
된 한 청년이 생애 마지막이 될지도 모르는 사진을 찍었다. 뒷벽
에는 태극기가 세로로 걸리고, 양복을 입은 청년은 왼손에는 수
류탄을, 오른손에는 권총을 잡았다.

가슴에 붙인 누런 종이에 붓으로 세로로 쓴 글은 "나는 적성(赤
誠 : 참된 정성)으로써 조국의 독립과 자유를 회복하기 위해 한인애국
단의 일원이 되어 중국을 침략하는 적의 장교를 도륙(屠戮)하기를
맹세합니다."였다.

청년은 2년 전인 1930년 "장부가 뜻을 품고 집을 나서면 살아
돌아오지 않는다.(장부출가생불환丈夫出家生不還)"라는 글귀를 남기고

1932년, 24살 윤봉길
상하이에서 찍은, 한인애국단 입단 선서 사진이다.

중국으로 건너온 윤봉길(1908~1932)이었다.

한인애국단은 1931년에 벌어진 만보산 사건과 만주사변:77 이후 악화한 한중 양 민족 간의 문제 해결과 독립운동의 새로운 활로를 모색하고자 임정이 조직한 비밀조직이었다. 김구가 책임을 맡은 이 조직은 극비 결사체였다. 당연히 모집이나 선정 과정이 드러나지도, 창립식을 거행하지도 않았다. 단장인 김구가 활동을 준비·계획하는 과정에서 거사를 결행할 인물을 선정했고 상호 협의를 거쳐 계획을 확정했다. 입단식은 태극기 앞에서 입단 선서문을 목에 걸고 사진을 촬영하는 것으로 대신하곤 하였다.

이봉창(1900~1932)과 윤봉길이 각각 태극기 앞에서 수류탄을 들고 찍은 사진을 남긴 것은 그들의 비장한 입단식이었다. 그것은 한편으로 식민지 청년들이 자신의 민족적 정체성을 확인하고 독립에 복무하고자 하는 의지를 가늠하는 소박하지만 장엄한 의례이기도 했다.

1932년 1월 8일, 이봉창은 도쿄 교외에서 관병식을 마치고 돌아가던 일왕 히로히토를 겨냥하여 수류탄 1개를 던졌지만 히로히토는 다치지 않아 거사는 실패하고 그는 현장에서 체포되었다.

체포된 이봉창이 일제의 조사를 받고 있던 1월 28일에 '상하이 사변'이 발생했다. 이는 상하이 국제 공동조계 주변에서 일어난

:77 1931년 9월 18일 일제가 류타오후(柳條湖) 사건을 일으키며 시작된 만주 침략전쟁.

국민당 정부와 일본제국의 군사적 충돌이었다. 전황이 중국에 불리해지면서 국제연맹이 주선한 정전협정에서 장제스 정부는 일본의 요구를 받아들여 상하이에서 중국군의 비무장화에 합의하고 말았다.

이 승리에 잔뜩 고무된 일본은 1932년 4월 29일 홍커우 공원에서 천장절(天長節, 일왕의 생일)과 상하이 점령 전승 기념행사를 갖기로 했다. 이봉창의 도쿄 의거 실패를 애통해하던 김구는 이 사실을 확인하고 홍커우의 채소시장에서 채소 장사를 하던 윤봉길을 불렀다. 이봉창 의거가 실패한 뒤에 윤봉길이 김구를 찾아와 "도쿄 사건(이봉창 의거)과 같은 경륜을 지도해달라."고 요청한 바 있었기 때문이다.

스물넷 청년은 두 아들에게 남기는 유언을 쓰고

윤봉길은 15살 때 혼인하여 고국에 두고 온 아내가 홀로 '강보에 싸인 아들' 둘을 기르고 있었다. 행사 이틀 전인 4월 27일에 홍커우 공원을 답사하고 숙소로 돌아온 그는 김구의 요청에 따라 '두 아들에게 남기는 유언'을 썼다.

> 강보에 싸인 두 병정에게 - 두 아들 모순(模淳)과 담(淡)에게

> 너희도 만일 피가 있고 뼈가 있다면

반드시 조선을 위해 용감한 투사가 되어라.

태극의 깃발을 높이 드날리고

나의 빈 무덤 앞에 찾아와 한 잔 술을 부어놓으라.

그리고 너희들은 아비 없음을 슬퍼하지 말아라. (후략)

독립운동에 뜻을 두고 1930년에 만주로 망명한 윤봉길은 1931
년 8월에 임시정부가 있는 상하이에 도착하여 안중근 의사의 동
생인 안공근의 집에 머물면서 김구를 만났다. 이듬해 한인애국단
에 입단한 그는 김구를 비롯한 지도자들과 협의하여 홍커우 공원
에서 열릴 일왕의 생일(천장절)과 전승 기념행사를 폭탄으로 공격하
기로 결의했다.

거사 당일인 1932년 4월 29일, 아침 식사를 같이한 뒤, 김구는
윤봉길을 현장으로 전송했다. 윤봉길은 새로 산 자기 시계를 김
구의 헌 시계와 바꿔 차고 자동차를 타면서 가지고 있던 돈을 모
두 김구에게 건넸다. 뒷사람들이 되뇌는 아프고 슬픈 장면이다.
스물넷 청년을 돌아올 수 없는 곳으로 보내며 남몰래 눈물을 삼
켰던 김구는 『백범일지』와 『도왜실기(屠倭實記)』:78에서 그 장면을
복기했다.

:78 『도왜실기』는 1932년 당시 임시정부의 재무부장과 군무부장을 맡고 있던 김
    구가 쓴 책으로 윤봉길, 이봉창 사건의 진상 보고서 형식의 단행본 저서다.

"저는 이제 1시간밖에 없습니다."

윤 군은 자기 시계를 꺼내 내 시계와 교환하자고 하였다.

"제 시계는 어제 선서식 후 선생님의 말씀에 따라 6원을 주고 구입한 것입니다. 선생님 시계는 불과 2원짜리입니다. 저는 이제 1시간밖에 더 소용없습니다."

나는 기념품으로 그의 시계를 받고, 내 시계를 그에게 주었다. 윤 군은 마지막 길을 떠나기 전, 자동차를 타면서 가지고 있던 돈을 꺼내 내 손에 쥐어 주었다.

"약간의 돈을 가지는 것이 무슨 방해가 되겠소?"

"아닙니다. 자동차 요금을 주고도 5~6원은 남겠습니다."

그러는 사이 자동차는 서서히 움직이기 시작했다. 나는 목멘 소리로 마지막 작별의 말을 건네었다.

"후일 지하에서 만납시다."

- 김구, 『백범일지』(돌베개, 2014) 중에서

늙은 노동자는 비장한 어조로 청년에게 말하길, "군의 목숨은 머잖아 이 세상을 떠날 것이다. 나는 조국의 광복과 민족의 자유를 위하여, 위대한 희생자가 되려는 군에게 혁혁한 성공이 길이길이 군과 함께 머물러 있기를 충심으로 비는 바다. 단지 최후로 군에게 한마디 하고 싶은 말은, 우리의 적은 왜놈뿐이니 오늘 거사를 실행함에 있어서 어디까지나 신중해야 할 것이고, 결코 왜놈 이외의 각국 인사에게 해를 입히지 말라는 것이다. 자, 폭탄 2개를 주니 한 개로는 적장을 거꾸러뜨리고 또 한 개로는 그대의 목숨을 끊으라!"

청년이 대답하기를 "삼가 가르침에 따르겠나이다. 바라옵건대 선생께서는 나라를 위해 몸을 삼가시고 끝까지 분투하소서! " 늙은 노동자는 또다시 말을 이어, "군이여, 군과 나는 다시 지하에서 만나세!" 이에 두 사람은 악수를 마치고 헤어지니 뜨거운 눈물이 하염없이 흘러내릴 뿐이었다.

- 김구, 『도왜실기』 중에서

윤봉길은 삼엄한 경계를 뚫고 홍커우 공원에 들어갔다. 천장절 행사가 끝나고 일본인들만 남아 축하연이 막 시작되던 11시 50분, 기미가요가 울려 퍼지는 순간 그가 던진 물통 폭탄이 단상에서 폭발했다. 그러나 그가 떨어뜨린 자결용 도시락 폭탄은 터지지 않았다. 오른쪽 사진이 일본인 기자가 찍은 의거 현장이다.

윤봉길이 던진 폭탄으로 상하이 파견군 총사령관 시라카와(白川) 대장과 상하이 일본 거류민 단장 등은 사망, 총영사 무라이(村井)는 중상, 제3함대 사령관 노무라(野村) 중장은 실명, 제9사단장 우에다(植田) 중장과 주중국 공사 시게미쓰(重光)는 다리를 잃었다.

이봉창 · 윤봉길 의거, 존폐의 기로에 있던 임정을 살리다

이봉창과 윤봉길의 의거는 내분과 어려운 여건으로 존폐의 갈

아라카와 보쿠단 기자가 찍은 윤봉길 의거의 순간.

림길에 내몰린 임정을 되살려냈다. 그즈음 임정은 집세도 낼 수
없는 형편인 데다 국내외 동포의 지지도 상실하여 존재 가치를 잃
어가고 있었다. 그런 상황에서 도쿄 한복판에서 펼쳐진 이봉창
의거는 임정의 '건재'를 만방에 알린 쾌거였으며, 이어진 윤봉길 의
거의 성공으로 국제적 지원까지 얻게 되면서 임정은 비로소 민족
적 기반을 새롭게 회복할 수 있었다.

　윤봉길 의거는 그동안 악화했던 한인에 대한 중국인들의 감정
을 놀랄 만큼 호전시켰다. 또 의거에 고무된 미국과 하와이, 멕시
코와 쿠바에 사는 교포들의 애국 열정이 임정에 대한 후원으로
이어져 임정의 사업이 확장되는 단계로 나아갈 수 있었다.

만보산 사건과 상하이 사변으로 자존심에 큰 상처를 입었던 중국 주석 장제스는 상하이 의거를 높이 평가하여 "중국의 백만 대군이 이루지 못한 것을 윤봉길이 해냈다."라며 극찬하고, 이후 임시정부를 지원하기 시작했다. 중국 육군중앙군관학교 낙양분교에 신설된 '한인 특별반':79은 그 같은 성과였다. 두 의거는 이후 항일투쟁의 기폭제가 되어 독립운동 자금 모금에도 큰 도움을 주었고 광복군 창설에까지 영향을 미쳤다.

"이런 행동은 어리석은 짓이며, 일본의 선전 내용만 강화해줄 뿐 한국의 독립을 가져다주지 못할 것"이라며 의거에 비판적이었던 이승만도 뒷날 "1943년 카이로 회담에서 장제스가 한국의 독립을 제안하고 그 선언문에 명문화한 원인은 윤봉길 의거에 있다."라고 평가하였다.

상하이 의거 이후 마오쩌둥(毛澤東)도 임정의 존재를 인정하고 다시 보기 시작했다. 상하이를 떠나 항저우(杭州)를 거쳐 충칭(重慶)까지 임정이 청사를 옮기는 과정에서 중국 공산당은 저우언라이(周恩來)를 통해 지원을 아끼지 않았다. 1940년 충칭에서 열린 광복

:79 윤봉길의 홍커우 공원 의거를 계기로 장제스와 김구는 1933년 중국 허난성 낙양에 설립되었던 국민정부 군관학교인 낙양군관학교 내에 한인 훈련반을 설치하기로 합의하였다. 중국 각 지역에서 모집한 한국인 99명이 입학하여 한국인 교관이 정치·군사 훈련을 담당하였다. 일본 영사의 해산 요구로 1935년 1기생 65명을 배출하고 문을 닫았으나 졸업생들은 항일 무장투쟁에 앞장선 독립군 지도자로 성장하였다.

군 창립대회에 중국 공산당을 대표한 저우언라이와 둥비우(董必武)가 참석하기도 했을 정도였다.

1932년 12월 19일, 총살형으로 순국

연행된 윤봉길은 가혹한 고문 끝에 사형을 선고받았고 일본 오사카로 호송되었다. 1932년 12월 19일 오전 7시 40분, 일본 혼슈 이시카와현 가나자와 육군 공병 작업장의 서북쪽 골짜기에서 윤봉길의 총살형이 집행되었다. 무릎을 꿇려 작은 십자가에 묶이고 눈을 가린 윤봉길의 불과 10미터 앞에서 일본군 병사가 쏜 총탄은 그의 이마를 꿰뚫었고, 충남 덕산 출신의 우국 청년은 스물네 해의 짧고 굵은 생을 마감했다.

1933년 일본 육군성이 펴낸 윤봉길 관련 극비문서 「만밀대일기(滿密大日記)」의 〈윤봉길 사형 집행 전말에 대한 보고서〉는 윤봉길의 최후를 이렇게 기록하고 있다.

> 범인 윤봉길은 가나자와 헌병대장의 지휘로 헌병 하사관 이하 3명 및 군법회의 간수 2명 호송 아래서 자동차로 12월 19일 오전 6시 30분 가나자와 위수(衛戍) 구금소를 출발, 오전 7시 15분 형장에 도착함으로써 제9사단 군법회의 검찰관 겸 육군 감옥장 네모토 소타로는 의관(醫官) 세가와 군의(軍醫)로 하여금 건강 진단을 하게 하여 그 신심(身心) 공히 이상 없음을 확인한 후 범

인 윤봉길에 대해 "본년 5월 25일 상하이 파견군 군법회의에서 살인·살인미수·상해·폭발물 단속 벌칙 위반에 의해 언도된 사형의 집행을 한다."는 내용을 고하며 유언의 유무를 묻자 범인은 "사형은 미리 각오한 것이니 지금에 임하여 아무것도 해야 할 말이 없다."고 말했음.

일본어로 하는 말이 명료하고 미소를 짓는 등 그 태도가 극히 담력이 굳세고 침착함. 간수로 하여금 형가(刑架) 앞에 정좌시키고 눈가리개를 하고 양손을 형가에 묶게 하여(별지 사진 제1) 오전 7시 27분 사수에게 사격을 명했음. 사수는 정부(正副) 2명 공히 하사관을 선정하여 범인의 눈을 가린 후 검찰관의 신호로 소정의 위치(수인의 전방 10미터)에 엎드리고 쏜 정 사수의 제1발이 미간부에 명중하여 13분이 지나 절명하였음. 의관은 검상(劍傷)을 검사하여 범인이 완전히 절명한 것을 확인하고 검찰관에게 보고하여 오전 7시 40분 윤봉길의 사형 집행은 여기서 종료됨.

— 〈윤봉길 사형 집행 전말에 대한 보고서〉 '사형 집행의 상황'

시신은 아무렇게나 수습돼 가나자와 노다산(野田山) 공동묘지 관리소로 가는 길 밑에 표지도 없이 매장되었다. 일제는 사형 집행 전에 미리 파놓은 구덩이에 시신을 봉분 없이 묻어 사람들이 밟고 지나가도록 했다. 일본군 수뇌부에 엄청난 타격을 안겨준 윤봉길에 대한 일제 군부의 치졸한 복수였다.

도쿄 의거의 주인공인 이봉창이 도쿄 대법원의 사형 선고를 받고 도쿄 이치가야 형무소에서 교수형으로 처형된 것은 두 달 전인 10월 10일이었다. 서른둘 미혼이었던 이봉창과는 달리 스물넷의 윤봉길은 아내와 두 아들을 남기고 갔다.

스물넷, 요즘 같으면 가치관을 정립하기에도 버거운 나이에 그는 빼앗긴 조국의 제단에 자신을 바쳤다. 김구는 자신이 사지로 보낸 애국단원 이봉창과 윤봉길을 잊지 않고 있었다. 두 사람의 순국 13년 뒤에 조국은 해방되었다. 1946년, 김구는 두 의사와 백정기 의사의 유해를 일본으로부터 송환해 왔다.

세 의사의 유해가 송환되자 1946년 7월 7일, 이들의 장례식이 5만여 군중이 참례한 가운데 해방 후 첫 국민장으로 치러졌다. 세 의사는 효창원에 안장되었는데, 아직도 유해를 모셔 오지 못한 안중근 의사의 가묘 오른쪽으로 이봉창, 윤봉길, 백정기 세 의사가 나란히 누워 있다.

김구는 삼의사의 묘 기단에 민족을 향한 그 '애국충정의 향기가 영원하라'는 의미로 '유방백세(遺芳百世)'라는 친필을 새겼다. 그러나 3년 뒤(1949) 자신도 흉탄에 맞아 파란 많은 생을 마감하고 이들 삼의사 이웃 묘역에 묻혔다.

15 함정수사에 걸려든 미완의 거사, 상하이 '육삼정 의거'

주중 일본 공사 암살을 시도했던 37살 백정기

낡은 사진 속에서 청년은 무언가를 노려보고 있다. 왼쪽 가르마를 탄 단정한 머리, 이목구비가 분명한 청년의 눈길은 거기 잡힌 대상을 녹여버릴 듯 강렬하다. 임시로 일제가 써서 단 듯한 양복저고리 왼쪽 가슴께의 이름표에는 한자로 '白鷗波(백구파)' 석 자가 분명하다.

1933년 상하이 영사관 소속 공사를 암살코자 한 '육삼정 의거'에 실패하고 이강훈(1903~2003), 원심창(1906~1971)과 함께 체포되어 상하이 영사관 감옥에서 찍힌 이 사진의 주인공은 백정기(1896~1934)다. 구파는 그의 아호. 이들은 모두 1930년 상하이에서 조직된 남화(南華) 한인청년연맹과 흑색공포단(Black Terorist Party) 소속원들이었다.

1933년, 37살 백정기
육삼정 거사가 실패하고 체포되어 상하이 영사관 감옥에서 찍힌 사진이다.

일제의 장제스 매수 정보에 낚인 거사

1933년 3월 5일, 백정기 등 11명의 단원들은 원심창으로부터 윤봉길 의거로 부상을 당한 주중 일본 공사 시게미쓰 마모루의 후임으로 임명된 아리요시 아키(有吉明)가 육군 대신 아라키 사다오(荒木貞夫)의 비밀 명령으로 4,000만 원(2,000만 달러)의 거액을 받아 장제스를 매수했다는 정보를 전해 들었다. 그래서 장제스 정부가 만주를 포기하고 일본군의 열하(熱河) 침공에 대해서도 무저항주의를 택했다는 얘기였다.

백정기와 단원들은 그렇게 되면 일제와 장제스의 파시즘 체제 강화로 아나키스트:80를 포함한 독립운동가들의 중국 활동이 어려워질 것이므로, 이 밀약을 일본과 중국 민중에게 폭로하여 밀약을 저지해야 한다고 생각했다. 그래서 이들은 직접 행동에 들어가서 아리요시를 암살함으로써 일본 제국주의 강화를 저지하기로 했다.

이미 그 전해인 1932년 11월에 톈진의 일본총영사관에 폭탄을

:80 아나키즘(Anarchism)의 신봉자. 대체로 우리나라에서는 '무정부주의'로 통용되지만, 정확한 뜻을 담은 명명은 아니다. 어떠한 강권이나 지배에 반대하고 민중의 행동에 의한 사회혁명을 통해 개인의 절대 자유가 보장되는 평등 사회를 지향하는 사상이다. 한국에서 아나키즘은 1910년 국권 상실을 계기로 민족 해방 운동의 이념으로 수용되었다. 의열투쟁을 통한 직접행동이 민중을 각성시킬 수 있는 좋은 수단으로 여겨졌다.

던지기도 했던 원심창은 주중 일본 공사 아리요시를 암살하는 것뿐 아니라, 상하이 주재 미국 총영사를 암살하여 미일 관계를 악화시키고, 나아가 미일전쟁 발발을 유도한다는 계획을 세우고 있었다.

이들은 상하이에서 활동해온 일본인 저널리스트 오키(沖)를 통해 아리요시가 귀국하기 전에 상하이 홍커우의 한 요정에서 상하이의 유지들과 송별연을 벌인다는 정보를 입수했다. 3월 6일 오전에 전날 모임에 참석했던 11명의 단원은 다시 모여 거사를 결행할 당사자를 추첨으로 뽑았는데, 백정기와 이강훈이 뽑혔다. 원심창은 현장 안내를 맡기로 했다.

3월 14일에 원심창을 찾아온 오키에게 거사를 같이할 동지가 백정기와 이강훈임을 알리자, 오키는 요정 육삼정(六三亭)에서 아리요시가 참석하는 연회가 3월 17일로 확정되었다는 정보를 전해주었다.

3월 16일, 김구로부터 전달받아 백정기의 집에 보관하던 도시락 폭탄 1개(1932년 윤봉길이 '홍커우 의거'에서 사용한 종류와 같은 것), 수류탄 1개, 이탈리아제 권총 2정을 원심창의 집으로 옮겼다. 거사는 연회가 끝나 아리요시가 육삼정에서 나올 때를 노려 백정기가 도시락 폭탄을 던지되, 불발하면 2차로 이강훈이 수류탄을 던진 뒤 혼란을 틈타 도주하는 것으로 짰다. 체포의 위험이 있을 때는 각자 권총으로 상대를 사살하고, 가능한 한 저항하며 도주한다는 계획이었다.

3명의 아나키스트, 일제의 함정수사로 되치기당하다

거사 당일인 3월 17일 오후 백정기, 이강훈, 원심창은 아리요시가 9시 30분쯤에 연회에서 나올 것 같다는 오키의 전화를 받고, 자동차를 타고 홍커우 쪽으로 이동했다. 이들 3인은 육삼정 건너 중국요리점인 송강춘(松江春) 2층으로 올라가서 아리요시의 동정을 살펴서 기별해줄 오키를 기다리고 있었다.

그러나 오키는 나타나지 않았고, 대신 주변에 잠복하고 있던 대여섯 명 감시원의 보고에 따라 특수 고등경찰과 무장 경관 십수 명이 송강춘을 포위했다. 일본 경찰은 10여 명이 일시에 덮쳐 세 사람을 체포하고 탁상 위에 모자로 가리고 있던 폭탄과 수류탄 각 1개, 휴대한 권총 2정, 실탄 15발을 압수하였다.

식당 주인의 증언에 따르면 득달같이 달려온 일경이 총을 겨누는데도 세 사람은 놀란 티도 내지 않고 뛰어내리거나 자리에서 일어나지도 않았다. 심지어 손을 들지도 않고 그들은 모두 웃고 있었으며, 셋 가운데 한 명은 너무 웃어서 일경에게 얼굴을 얻어맞기도 했다고 했다. 그들의 웃음이 어떤 심경의 표현이었는지는 굳이 설명할 필요조차 없을 것이다.

의거가 돌이킬 수 없는 실패로 돌아간 뒤에야 모두 무언가가 잘못되었음을 깨달았을 것이다. 오키는 일본 경찰의 밀정이었고, 그가 준 아리요시에 관한 각종 정보는 모두 가짜였다. 백정기와 동지들은 일본 경찰의 역(逆)스파이 공작에 말려든 것이다. 거사 당일 현장에 아리요시는 없었고, 대신 이들을 기다리고 있던 것은 일본 고등경찰의 덫이었다. 이들은 육삼정 앞에도 가보지 못한 상태에서 체포되고 만 것이었다.

흔히들 우리는 속인 놈도 나쁘지만, 속은 쪽의 부주의나 어리석음을 나무라는 데도 익숙하다. 흑색공포단은 아리요시 처단에 앞서 매우 치밀하게 준비하고, 예행연습까지 거쳐서 정교한 실행 계획을 세웠다. 그런데도 밀정 오키를 통해 계획이 고스란히 적에게 새어나간 것은 여전히 풀리지 않는 의문이지만, 원심창이 오키와 같이 거사하기로 한 것은 믿을 만한 인물로부터 그를 소개받았거나 그로부터 중요한 정보를 제공받았기 때문으로 추정할 수 있다.

또한 일본영사관 경찰의 역공작은 일경 내부에서조차 기밀로 진행되었을 뿐 아니라, 사후 상하이 총영사관이 작성한 〈아리요시 공사 암살미수 사건 종합 보고서〉와 예심 종결 결정서, 나가사키 지방법원의 판결문조차 밀정 오키의 존재를 숨기기 위해 왜곡 작성할 만큼 철저하게 보안을 지켰다. 따라서 죽음을 불사하고 거사에 임한 세 사람의 실패를 탓할 수는 없다.

백정기, 이강훈, 원심창 세 사람은 상하이 총영사관에서 한 달여에 걸친 심문 끝에 기소되어 총영사관 소속 사법 영사의 예심 과정을 밟았다. 7월 10일 나가사키 지방재판소로 송치되었다.

세 사람이 사복에다 이름표를 달고 찍은 사진은 거사에 실패하고 체포되어 상하이 총영사관 감옥에 수감되기 직전의 모습이다.

육삼정 의거가 실패로 끝나고 체포된 후에 찍힌 사진이다. 원심창(왼쪽)은 양복 차림이고 이강훈(오른쪽)은 중국옷 차림이다.

백정기와 원심창은 노타이 양복 차림인데 저고리 안에 조끼까지 갖춰 입은 모습이고 이강훈은 중국인 복장인데 이름표가 오른쪽으로 치우쳤다. 원심창이 스물일곱, 이강훈이 갓 서른이고, 백정기는 서른일곱으로 가장 연장이다.

일왕 암살도 기도했던 아나키스트

영사관이 외무대신에게 체포한 3인을 "무정부주의자 일단인 경기도생 원훈:81, 강원도생 이강훈, 전라북도생 백구파"라고 보고

:81   원심창은 경기도 진위군(지금의 평택시) 출신으로 중국 상하이에서 주로 원훈(元勳)이라는 이름을 썼다.

한 바와 같이 백정기는 전라북도 정읍 출신으로 상하이에서는 주로 아호인 구파로 불렸다. 어려서 한문을 배운 것 외에는 정규학교를 다닌 적은 없다. 13살에 창녕 조씨와 혼인하고, 16살에 부친을 여의었다.

천석꾼인 장인에게서 6,000~7,000천 평의 토지를 물려받는 등 경제적 지원을 받아 정읍의 영주정사(瀛州精舍)에서 한학을 배웠다. 1919년에 3·1운동에 참가하면서 본격적인 민족운동에 투신하였고, 이듬해 펑톈으로 망명했다가 1922년에 베이징으로 옮겨 이회영 등 아나키스트들과 교유하면서 아나키즘 사상에 기울어진 듯하다.

백정기는 1923년에 일본에 밀입국하여 도쿄 부근 하야카와(早川) 수력 발전소 공사장에서 일하면서 일왕 암살을 기도했지만 간토대지진이 일어나는 바람에 포기하고 베이징으로 되돌아왔다. 다음 해인 1924년에는 베이징에서 이회영·이을규·이정규·유자명·정화암 등과 재중국 조선 무정부주의자 연맹(재중무련)에 가입하고 동지들과 주간지 「정의공보」를 발간하였다. 11월에는 상하이로 가서 영국인 철공장에서 일하면서 폭탄 제조 기술을 익혔고, 중국 아나키스트들과 교유했다.

1925년에 상하이 총파업이 단행되자 중국인 아나키스트들과 함께 총파업을 이끌었고, 1927년에는 이을규·정규 형제와 함께 푸젠(福建)성 취안저우(泉州)에 가서 항일 농민 자위군을 훈련하는 민단편련처 운동에 참가했다. 1930년에는 북만주 헤이룽장(黑龍江)

성 하이린(海林)으로 가서 김종진(1901~1931), 김야운(?~1931) 등과 같이 김좌진, 이을규 등 동지들이 조직한 한족총연합회에서 활동했다.

1931년 5월, 이태 전에 발병한 결핵을 치료하려고 상하이로 돌아와 요양하는 한편, 김구의 도움으로 임정의 청년들이 다니던 전차회사 매표원으로 일하며 동지들을 부양했다.

일본의 나가사키 지방재판소에서 백정기와 원심창은 무기징역, 이강훈은 징역 15년을 선고받았다. 세 사람은 변호사의 항소 권고도 모두 거절하였다. 백정기는 구마모토 형무소에서 복역하던 중 1934년 6월 5일에 결핵을 앓는 의열단원을 간병하다가 전염된 결핵이 악화하여 순국했다. 향년 38세. 이강훈과 원심창은 1945년 10월에 각각 일본에서 석방됐지만 이들 의거의 주역들은 죽는 날까지 밀정의 존재를 알지 못했다.

아나키스트에게 민족주의 세력이 협력한 거사

육삼정 의거는 주요 목표였던 아리요시를 처단하지 못한 데다가 주역 셋이 검거되어 실패한 거사로만 인식됐으나, 2013년 일본 외무성의 관련 문서를 통해 전모가 드러나면서 의거의 성과가 재조명되었다. 이 거사는 '조선인을 중심으로 한 상해의 국제 흑(黑)테로단'('동아일보」 1933.11.11.)으로 소개되면서 나라 안팎에 한인 독립운동이 지속해서 전개되고 있음을 널리 알려 한인들의 항일의

식을 드높였다.

또한 육삼정 의거는 아나키스트 독립운동가들에 의해 수행되었지만, 김구를 비롯한 민족주의 세력이 적극 협력했던 거사라는 측면에서 의의가 깊다. 이는 의거에 쓰려고 했던 도시락 폭탄이 1932년 윤봉길 의사가 던진 것과 같은 '쌍둥이 폭탄'이라는 점에서 분명하게 드러난다. 2017년에는 한양대 사학과 박찬승 교수가 밀정의 존재를 밝혀내면서 84년 만에 비로소 사건의 전모가 분명하게 드러났다. :82

저널리스트라고 사람들을 속였던 일본인 오키는 사실 전과자 출신이었는데, 일본 영사관에서 그가 백정기 등과 접촉을 하고 있다는 사실을 알고 밀정으로 이용했던 것이었다. 일본측은 오키의 과거를 덮어주고 경제적인 도움도 주겠다고 꼬드겨서 그를 통해 아리요시 살해 계획을 알아냈고, 의거 시도 당일날에는 육삼정 부근에 인력거꾼에서부터 식당 종업원까지 변장한 형사를 미리 배치하여 백정기 일행을 덮쳤던 것이다.

백정기는 재판 과정에서 일관되게 자신이 주도했다고 주장하며 자신만 처벌하라고 목소리를 높였는데, 그는 재발한 결핵이 자신의 목숨을 거두어가리라 예감했던 것일까. 적지 일본에 묻힌 그의 유해는 광복 1년 뒤인 1946년 7월 6일 김구가 일본에 체류하고

:82 박찬승, 「1933년 상해 '有吉明공사 암살미수 사건'의 전말」, 『한국독립운동사연구』 60집, 독립기념관 한국독립운동사연구소, 2017.

삼의사 유해봉환식. 맨 오른쪽에 지팡이를 짚고 선 이는 김구다.

있던 박열:83에게 부탁하여 이봉창·윤봉길 두 의사의 유해와 함께 국내에 봉환했다.

이봉창, 윤봉길은 한인애국단 단원으로 김구가 직접 사지로 보낸 청년이었다. 그러나 임정과 협력적인 관계긴 했으나 아나키스트 백정기 일행이 수행한 의거는 독자적인 투쟁이었다. 단지 김구는 정화암을 통하여 윤봉길이 홍커우 공원 거사에 쓴 것과 같은 도시락형 폭탄을 제공했을 뿐이다. 그러나 그는 일제의 감옥에서

:83 박열(1902~1974)은 경북 문경 출신의 아나키스트로 흑도회·흑우회 등의 비밀조직을 결성하여 무정부주의 활동을 벌였다. 1923년 비밀결사 '불령사'를 조직하여 일본 왕세자 결혼식을 기해 일왕과 왕실 요인을 폭살하려 했으니 실패하고 체포되어 무기징역 형을 받아 복역했다. 1990년 건국훈장 대통령장이 추서되었다.

순국한 백정기를 잊지 않고 있었다.

　세 의사의 영구는 태고사(현 조계사)에 봉안되었다가 11월 23일 국민장으로 천묘(遷墓) 의식을 치른 뒤 용산 효창원에 안장되었다. 김구는 이 장례가 "태고사로부터 효창원까지 인산인해를 이루어", "옛날 국왕 인산(因山) 때 이상으로 공전의 대성황"이었다며, "장지의 제일 앞머리에 안중근의 유골을 봉안할 자리를 비워놓고, 그 아래로 3의사의 유골을 차례로 모셨다."라고 『백범일지』에 기록하였다. :84

:84　1963년 정부는 백정기에게 건국훈장 독립장을 추서하였다. 2004년 6월, 서거 70주기를 맞아 백정기 의사 기념관이 전북특별자치도 정읍시 영원면 영원로에 세워졌다.

16

마지막 여름방학,
그리고 그는 돌아오지 못했다

일본 유학 중에 고향에서 여름을 보낸 25살 윤동주

1942년 4월, 윤동주(1917~1945)는 릿쿄(立敎)대학 문학부 영문과
:85에 입학했다. 부친은 그가 이른바 명문대로 불리는 '제국대학'
에 입학하기를 바랐으나, 그는 1월 고종사촌 송몽규와 함께 본 교
토제국대학 입시에서 서양사학과에 붙은 송몽규(1917~1945)와 달
리 낙방했기 때문이다.

그해 여름방학 때, 윤동주는 7월부터 8월까지 2주간 고향 용정
을 다녀가는데, 그것이 그의 마지막 귀향이 되었다. 그때 찍었다
는 사진 속에 '가쿠란(學蘭)'이라 불리는, 목을 채우는 깃을 세운 교

:85 릿쿄 대학은 잉글랜드 성공회에서 비롯한 보편교회주의 기독교 교파인 성공
회(聖公會)에서 경영하는 미션스쿨이다.

1942년, 25살 윤동주
일본 유학 첫해 여름방학에 고향 북간도 용정에서 찍은 사진이다.

복을 입은 25살 청년 윤동주는 해맑은 표정으로 정면을 바라보고 있다. 한 해 전인 연희전문 졸업 때 찍은 사진에서보다 더 앳되어 보이는 것은, 짧게 깎은 까까머리 때문일까. 같은 시기 송몽규를 비롯한 또래의 친지들과 함께 찍은 사진 속에서 그는 유일하게 까까머리였다.

'모국어의 위기'를 내다본 시인

그는 여름방학을 보내고 일본으로 돌아가면서 동생들에게 우리말 인쇄물이 앞으로 사라질 것이니 무엇이나 악보까지라도 사서 모으라고 당부했다. 이미 일제는 1938년 3차 조선교육령으로 일본어를 필수 과목, 조선어 과목을 선택과목으로 지정함으로써 사실상 조선어 교육을 금지했고, 1940년에는 「동아일보」와 「조선일보」를 폐간한 데 이어 '창씨개명'을 강요했다. 1942년 5월에는 국어전해(全解) 운동과 국어상용운동:86을 벌이기에 이르렀는데, 그는 모국어의 위기를 심각하게 인식하고 있었던 것이다. 그러나 자신이 살아서는 두 번 다시 고향에 돌아오지 못한다는 사실은 짐작조차 못했을 것이다.

:86 일제는 1942년에 들어 시행한 국어전해(全解 :모두 이해하거나 해석함)운동과 국어상용운동을 통해 일본어 보급에 나섰다. 여기서 국어란 물론 '조선어'가 아닌 '일본어'였다.

방학을 보내고 다시 일본으로 건너간 윤동주는 1942년 10월 도쿄를 떠나 교토에 있는 도시샤(同志社)대학 영문과에 편입했다. 릿쿄대학에서 1학기만 공부하고 같은 미션스쿨인 도시샤대학으로 간 것은 대학의 교련 수업을 거부한 일 때문이었다. 릿쿄대학에서는 매주 1시간씩 군사훈련을 받아야 했고 남학생들은 머리를 깎아야 했다. 그는 교련 수업에 교련복을 입지 않고 참가한 일이 있었고, 결국 교련 수업을 시행하지 않는 교토의 도시샤대학으로 학교를 옮긴 것이었다. 도시샤대학은 그가 평소 존경했던 시인 정지용(1902~1950)이 다닌 학교이기도 했고, 교토에는 교토제국대학에 다니는 송몽규도 있었다.

간도에서 태어난 이주민 3세

윤동주는 젠다오성(間島省) 화룽현 명동촌에서 태어난 이주민 3세다. 19세기 후반에 그의 증조부가 함경도에서 식솔을 이끌고 만주로 이주하였는데, 기독교 장로였던 조부의 영향을 받으며 자란 윤동주는 아버지가 교사로 재직했던 명동소학교에서 고종사촌 송몽규, 문익환(1918~1994)과 같이 공부했다.

소학교를 졸업할 때 그는 학교에서 졸업생 14명에게 선물한 김동환 시집 『국경의 밤』을 받았고, 송몽규와 함께 인근 중국인 소학교 고등과에 편입해 1년간 수학했다. 그 후 송몽규, 문익환과 함께 용정의 은진중학교에 입학했고, 집도 용정으로 이사했다.

1935년에 18살 소년 윤동주는 은진중학교 4학년 1학기를 마치고 평양 숭실중학교 3학년 2학기로 편입했다. 숭실학교 YMCA 문예부에서 내던 「숭실활천(崇實活泉)」 제15호에 시 '공상(空想)'이 활자로 실렸다. 그러나 이듬해 숭실학교에 대한 신사참배 강요에 항의하여 자퇴하고 용정으로 돌아와 5년제인 광명학원 중학부 5학년에 편입했다.

윤동주가 간도 연길에서 발행되던 월간지 「가톨릭 소년」에 동시 '병아리'(11월호)와 '빗자루'(12월호)를 자기 이름으로 발표한 것은 1936년이다. 이듬해에도 같은 잡지에 동시 '오줌싸개 지도'(1월호), '무얼 먹고 사나'(3월호)를 발표했다. 1937년에는 100부 한정판으로 발간된 백석 시집 『사슴』을 구할 수 없자, 도서관에서 온종일 걸려 정자로 베껴서 소장했다고 고백했는데, 문학에 대한 그의 순수한 열정을 짐작할 수 있는 일화다.

1938년 광명중학교를 졸업한 뒤 그는 서울 연희전문학교 문과에 입학해 기숙사 생활을 시작했다. 2학년 때 「조선일보」와 「소년」에 시를 발표하며 처음으로 원고료를 받았다. 그의 대표작으로 사랑받는 '별 헤는 밤'과 '서시'가 쓰인 게 이 무렵이었다. 그의 생애에서 이때가 가장 풍요롭고 자유로웠던 시기였다. 1941년 학교를 졸업하면서 시집 『하늘과 바람과 별과 시』를 내려 했으나 뜻을 이루지 못했다.

창씨개명이 부끄러워 '참회록'을 쓰다

1942년 윤동주는 일본 유학을 준비하면서 창씨개명이 필수였으므로 원서 제출 하루 전까지 미루다 결국 히라누마 도주(平沼東柱)가 되었는데 그는 이를 두고두고 부끄러워하였다. 고국에서 쓴 마지막 작품이 된 시 '참회록'은 이때의 고통과 부끄러움을 고백한 작품이다.

> 파란 녹이 낀 구리 거울 속에
> 내 얼굴이 남아 있는 것은
> 어느 왕조(王朝)의 유물(遺物)이기에
> 이다지도 욕될까.
>
> 나는 나의 참회(懺悔)의 글을 한 줄에 줄이자.
> ─만 이십사 년(滿二十四年) 일 개월(一個月)을
> 무슨 기쁨을 바라 살아 왔던가.
>
> 내일이나 모레나 그 어느 즐거운 날에
> 나는 또 한 줄의 참회록(懺悔錄)을 써야 한다.
>
> ─그 때 그 젊은 나이에
> 왜 그런 부끄런 고백(告白)을 했던가.

밤이면 밤마다 나의 거울을

손바닥으로 발바닥으로 닦아 보자.

그러면 어느 운석(隕石) 밑으로 홀로 걸어가는

슬픈 사람의 뒷모양이

거울 속에 나타나온다.

릿쿄대학과 도시샤대학을 다닐 무렵부터 그는 '불령선인':87 으로 지목되어 일본 경찰의 감시를 당하고 있었다. 1943년 3월, 일제가 병역법을 개정하여 조선에 징병제를 시행하면서 일본 유학생들에게도 징병이 현실로 다가왔다. 1943년 초여름, 윤동주는 도시샤대학 영문과 동기들과 함께 교토의 한 공원으로 소풍을 갔다. 그날 우지(宇治)강 아마가세 구름다리에서 찍은 사진 한 장을 남겼는데, 그것이 그가 세상에 남긴 마지막 사진이 되었다. 한 달 뒤인 7월 14일, 귀향길에 오르려던 윤동주는 사상범으로 일경에게 체포되어 교토의 가모가와(鴨川) 경찰서에 구금되었고 송몽규와 함께 치안유지법 위반으로 기소되었다.

이듬해인 1944년 3월, 교토지방재판소 제1형사부는 윤동주와

:87 불령선인(不逞鮮人)은 일제가 일제강점기 식민 통치에 반대하는 조선인을 불온하고 불량한 인물로 지칭한 용어. '불령(不逞)'은 '불만이나 원한을 품다', '난을 일으킨다' 등의 뜻으로 쓰인다.

윤동주의 외사촌 형이자 후쿠오카 형무소에서
윤동주와 마지막까지 함께한 독립운동가 송몽규.

송몽규에게 징역 2년 형을 선고했다. 판결문에 따르면, "어릴 적부터 민족학교 교육을 받고 사상적 문화적으로 심독(心讀)했으며 친구 감화 등에 의해 대단한 민족의식을 갖고 내선(內鮮):88 의 차별 문제에 대하여 깊은 원망의 뜻을 품고 있었고, 조선 독립의 야망을 실현하려 하는 망동"을 한 혐의였다.

너무 갑작스러운 죽음, '생체실험' 의심

윤동주는 후쿠오카(福岡) 형무소에 수감된 뒤 고향의 동생들과 한 달에 한 번씩 애틋한 사연의 엽서를 주고받고 신약성서를 읽으

:88 일제가 일본과 조선을 함께 이르던 말. 내지(內地)와 조선(朝鮮)을 줄인 말.

며 옥중생활을 이어갔다. 이듬해인 1945년 2월 16일 오전 3시 36분, 윤동주는 후쿠오카 형무소에서 스물일곱 짧은 삶을 마감했다. 일제는 뇌내출혈(뇌일혈)로 사망했다고 통보했지만, 학창 시절에 축구선수로도 활약할 만큼 건강한 20대 청년이 수감된 지 채 1년도 되지 않아 돌연한 죽음을 맞았다는 것은 쉬이 믿어지지 않는 것이었다. 한 달이 채 지나지 않은 3월 7일에는 송몽규도 사망했다.

그의 죽음을 알리는 전보를 받고 윤동주의 부친과 당숙 윤영춘은 급히 그의 유해를 찾아왔다. 1942년 여름에 고향을 떠난 뒤, 3년 만에 싸늘한 주검으로 가족들에게 돌아온 것이다. 연희전문 졸업사진을 영정으로 쓴 장례식에서는 연희전문 교지 『문우』에 실렸던 시 '새로운 길'과 '우물 속의 자상화(自像畵)'[89]가 낭독되었다. 그는 용정 동산 중앙교회 묘지에 안장되었고, 가족들은 묘비에 '시인 윤동주의 묘'라고 새겼다.

윤동주와 송몽규의 죽음을 두고 1980년대에 그의 아우 윤일주(1927~1985)와 후배 정병욱 교수의 증언으로 그가 일제의 생체실험에 희생된 게 아닌가 하는 의혹이 제기되었었다. 그리고 이는 2009년 광복절에 방송된 서울방송(SBS)의 「그것이 알고 싶다 - 윤동주, 그 죽음의 미스터리」를 통해 새롭게 조명되었다.

[89] 이 시는 현재 '우물 속의 초상화'라는 제목으로 알려져 있다.

복역 중에 윤동주는 정기적으로 의문의 주사를 맞아야 했는데, 이는 당시 후쿠오카에 있는 규슈제국대학에서 실험하고 있던 '혈장 대용 생리식염수'였을 것으로 추정된다. 힘겹게 전쟁을 치르고 있던 일제가 부족한 수혈용 혈액을 대신할 물질을 찾으면서 '바닷물'을 실험하고 있었기 때문이다.

의문의 주사는 결국 청년 윤동주의 목숨을 앗아갔고 3주 후에는 함께 복역 중이었던 그의 고종사촌 송몽규마저도 쓰러뜨렸다. 규슈제국대학에서 실시한 미군 대상 생체실험에 대한 기록:90은 미국 정부기록보존소(NARA)의 요코하마 전범 재판 기록을 통해서 확인되었다.

규슈제국대학의 실험을 참작하면 윤동주가 맞았다는 주사 역시 '바닷물'이었을 것이다. 약리학자들에 따르면, 인체에 바닷물을 주입할 경우 "바닷물에 포함된 동물성 플랑크톤 등으로 인한 세균 감염이 발생할 수 있고, 뇌까지 혈액이 전달되면 혈액이 뇌로 빠져나오게 되는데 이때의 증상이 뇌일혈과 같다."고 한다.

이 시기 후쿠오카 형무소에서 수감자들이 주사를 맞은 뒤 받았다는 '암산 테스트'는 현대의학에서도 임상시험의 부작용을 알아보기 위해 널리 사용하는 방법이다. 암산은 '신경 기능을 통합적으로 판단하기 위한 판단 도구'라는 것이다.

:90 1945년 5월 추락한 미군 B29 폭격기의 승무원 11명은 일제의 포로가 되어 생체실험을 당했다.

윤동주가 생체실험으로 희생되었다는 점을 사실로 다루고 있는 이준익 감독의 영화 「동주」(2015)에는 이 암산 테스트 장면이 나온다. 이 흑백 영화는 '후쿠오카 감옥에선 알 수 없는 주사를 맞고 1,800여 명이 사망했다'라는 자막이 흐르면서 막을 내린다.

윤동주가 생체실험에 희생되었다는 사실은 여전히 '설'에 머물 뿐 공적 역사의 영역으로 들어오지 못하고 있다. 그러나 입증되지 않았다고 해서 진실이 거짓이 되는 것은 아니다. 윤동주의 죽음을 알리는 전보를 받고 부친과 당숙이 시신을 인수하러 간 사이에 다시 배달된 전보는 "동주 위독하니 보석할 수 있음. 만일 사망 시에는 사체를 인수할 것. 아니면 규슈제국대학에 해부용으로 제공할 것"이란 내용이었다. 일본의 침묵에도 불구하고, 이 내용은 윤동주의 사망 원인을 설명하는 가장 유력한 증거로 추정되고 있다.

윤동주가 세상을 떠난 지 6개월 뒤에 조국은 해방되었다. 격동의 시간을 보내고 있던 조국은 28살 청년의 죽음을 기억할 여력이 없었다. 1947년 2월 정지용의 소개로 「경향신문」에 윤동주의 유작이 처음 소개되고 추도회가 열렸다. 그리고 1948년 1월, 마침내 유작 31편과 정지용의 서문으로 이루어진 유고 시집 『하늘과 바람과 별과 시』(정음사)가 간행되었다. 1941년 연희전문을 졸업할 때 이루지 못한 시집 발간의 꿈이 7년 후 유고 시집으로 이루어진 것이다. 31편의 시를 실었던 정음사 판에 이어 윤동주 10주기였던 1955년에는 93편의 작품을 담은 유고 시집이 간행되었다.

스물여덟 해의 짧은 생애로 우리 곁을 떠났지만, 윤동주는 아마 이 땅에서 가장 사랑받는 시인이 된 듯하다. 문익환 목사의 말처럼 사람들은 '서시'를, '별 헤는 밤'과 '참회록'을 읽으면서 "회상하는 것만으로도 넋이 맑아지는" 것을 경험하게 되는 것이다.

1962년 독립 유공자를 발굴 포상할 때 그에게도 서훈이 신청되었으나 유족들이 사양하여 1990년 8월 15일에야 건국훈장 독립장이 추서되었다. 1985년에는 한국문인협회에서 그의 시 정신을 기려 윤동주 문학상을 제정하였다. 생전에는 거의 알려지지 않았던 시인 윤동주는 부끄러움과 내면적 성찰에서 비롯한 문학적 열정과 역사와 맞선 저항의 아이콘으로 오늘날에도 기억되고 기려지는 시인으로 살아 있다.

2부

돌아온 독립운동가들,
그 청춘의 초상

망국의 세월 서른다섯 해, 광복을 맞이했을 때 망명지에서 돌아오거나, 국내에서 싸움을 이어온 독립운동가들은 이미 대부분 40대 이상의 장년, 50·60대의 노년이었다. 그들이 소진해온 경륜(經綸)의 시간에 희미하게 남은 젊음의 초상으로 그들의 청춘과 투쟁을 복기한다.

17 영특한 소년, '좌우합작'과 '남북협상'을 주도한 정치가가 되다

미국 유학을 준비하던 15살 김규식

가운데 가르마를 탄 단정한 얼굴, 또렷한 이목구비에는 영특한 기운이 넘친다. 모직물 재킷 안에 받쳐 입은, 높다란 와이셔츠의 깃과 나비넥타이가 19세기의 끝자락이라는 사실이나, 5살 때 모친을, 11살 때 부친마저 여의고 고아가 되었다는 사실을 떠올리기는 쉽지 않다. 반듯하게 닫은 입술 주변에 고집이나 결기가 넘쳐 보인다.

이 사진은 김규식(1881~1950)이 1890년대 중반에 찍은 것으로 알려졌는데, 대략 15살 전후 소년 시절인 셈이다. 어린 나이에 부모를 잃고 외롭게 자란 소년은 뒷날 좌우합작과 남북협상을 주도하여 통일 자주 국가를 지향하고 중도 노선을 추구한 정치가로 성장했다.

1890년대 중반, 15살 전후의 김규식
민로아학당에서 공부하며 미국 유학을 준비하던 시절로 추정된다.

고아로 자라면서 냉철하고 합리적 사람으로 성장

부산 동래부의 관리였던 김지성의 아들로 태어났으나 고아가 된 김규식은 선교사 언더우드가 설립한 민로아학당(후에 경신학교)에서 근대교육을 받았다. 민로아학당은 거리의 고아들을 데려다 숙식하며 가르치는 고아 학교였다. 김규식은 체구도 작고 병약했으며 고아라는 불우한 처지에 대한 냉담한 시선과 차별을 겪었지만, 타고난 영특함으로 영어를 대단히 빠르게 익혔으며 합리적이고 냉철한 사람으로 성장했다.

16살(1897) 때 서재필의 권유와 언더우드의 도움으로 미국 유학길에 올랐다. 1903년까지 미국 버지니아주의 로노크대학에서 공부하였으며, 이듬해 프린스턴 대학원에서 석사학위를 받고 귀국했다. 대학 시절에는 영어, 프랑스어, 독일어, 라틴어 등에 뛰어났고 전체 3등의 성적으로 졸업했다. 영어, 프랑스어, 독일어, 러시아어, 중국어, 일본어 등 6개의 외국어를 구사할 수 있는 바탕이 여기서 갖추어진 셈이다.

김규식은 1903년 로노크대학의 잡지 5월호에 「러시아와 한국 문제」라는 글을 발표하였는데, 이는 러시아와 일본의 갈등을 예리하게 분석한 것으로, 머지않아 러일전쟁(1904)이 일어날 것이며 한국은 러·일 두 나라 중에서 전쟁에 승리한 나라에 먹혀버릴 것이라고 정확하게 예측했다.

미국 아닌 중국으로 망명, 임정에 합류해 외교 역량 발휘

미국 유학을 마치고 돌아온 김규식은 언더우드의 비서, YMCA 학교 교사, 경신학교 학감, 연희전문학교 강사를 지냈다. 그때까지 일제에 강점된 조국의 현실을 관망하고 있던 그는 1911년에 일제가 언더우드 등 미국 선교사들과 윤치호 등 한국 교계의 지도자들을 '데라우치 총독 모살 미수사건'의 교사자·주모자로 지목해 구속해 갖은 고문을 자행한 105인 사건에 큰 충격을 받았다. 같은 미국 유학생 출신에 기독교 신자임에도 이승만이 그해에 미국으로 망명한 것과 달리 그는 항일 독립운동의 뜻을 품고 중국 망명길에 올랐다.

그가 중국에서 독립운동에 본격적으로 나서기 시작한 것은 1918년 여운형 등의 초청으로 중국 톈진(天津)에서 상하이로 건너오면서부터다. 그해 8월, 그는 여운형, 서병호, 조동호 등과 함께 신한청년당 창립에 동참했다. 신한청년당은 1918년 11월 28일 '한국 독립에 관한 진정서'를 작성해 김규식을 대표로 파리강화회의:91에 파견했다.

:91 파리강화회의는 제1차 세계 대전이 종료된 후 새로운 전후 질서를 구축하기 위해 1919년 1월 18일부터 같은 해 6월 28일까지 파리에서 개최되었다. 미국 대통령 윌슨의 민족 자결주의에 고무된 한국의 독립운동 세력은 파리 강화 회의에서 민족 자결주의가 관철되리라는 희망을 걸었으나, 아무 성과도 거둘 수 없었다.

1919년 4월, 대한민국 임시정부가 수립되자 외무총장에 피선되었으며, '한민족의 일본으로부터의 해방과 한국의 독립 국가로의 복귀에 관한 청원서'와 '한민족의 주장'을 파리강화회의에 제출하여 일제 침략의 부당함과 한국 독립의 필연성을 호소하였다. 그러나 1차대전 승전국들이 패전국 독일의 재분할 문제를 다루는 잔치라는 태생적 한계 때문에 한국 문제는 정식 의제로 상정되지도 못했다.

그러나 외교적 역량을 평가받고 미국으로 간 김규식은 1919년 8월 말 임시정부 구미위원부 위원장에 임명되어 군자금을 임정에 보내는 한편, 3·1운동을 계기로 고조된 분위기를 활용하여 한국 독립 문제가 미국 하원에서 상정 토의되도록 하였다. 1919년 9월에는 임시정부 학무총장에 임명되었고, 1921년 1월 상하이로 돌아와 임정에 합류하였다.

1922년 1월, 김규식은 소련의 페트로그라드에서 열린 극동민족대회(동방피압박민족대회)에 한국 대표 52명 중 한 사람으로 참석, 여운형과 함께 의장단에 선발되어 활동하였다. 자타 공인하는 미국통이었지만, 사회주의 연대라는 새로운 독립운동 활로를 모색한 것이었다. 인민 대표자 대회의 5인 의장단의 일원으로 그는 개회사를 하고 '아시아 혁명운동과 제국주의(The Asiatic Revolutionary Movement and Imperialism)'라는 제목의 논문을 발표하였다.

"우리는 원동(遠東: 극동)에서의 혁명 과업과 관련하여 가끔 '연합

전선'과 '협동'의 필요성을 이야기합니다. 최근에 우리는 이의
필요성을 더욱 절실히 느끼게 되었습니다. 왜냐하면, 서구라파
와 미국의 자본주의 열강이 동아시아 전체를 공동으로 착취하
기 위해 서로 어떻게 결탁하였는지를 보았기 때문입니다. 심지
어 자국의 '이타주의' 지향성과 '민주주의' 원칙의 범세계적 적
용을 그토록 떠들어온 미 공화국조차 워싱턴 회의에서 영국·
프랑스·일본 등 악명 높은 3대 흡혈귀 국가와 가증할 4강 협정
을 체결함으로써 제 가면을 벗어던졌습니다."
- 김규식, '아시아 혁명운동과 제국주의', 「공산주의 평론(Communist
Review)」, 1922.

그는 한반도의 지정학적 중요성을 강조하며 '한국이 극동 아시
아 문제의 핵심'이므로 이를 해결하지 않으면 극동의 혼란은 종식
되지 않을 것이라며 제국주의 침략에 맞선 해방투쟁에 대한 지원
을 촉구했다. 또 서구 열강과 일본의 본질을 정확히 지적했다.

국민대표회의에선 '창조파'로 활동

한편, 임시정부 내부의 갈등과 대립이 심해지면서 임시정부는
창조파와 개조파로 나뉘었다. 1921년, 김창숙, 박은식 등 창조파
는 임정을 비판하면서 국민대표회의를 열어 무장투쟁 세력을 포
함한 통일적인 정부와 독립운동 방향의 수립을 주장했다. 김규식

은 창조파의 입장에서 창조파 국무위원과 외무위원장으로 선임되었다.

1923년에 소집된 국민대표회의는 창조파와 개조파 간의 논란 :92 으로 일관하다 합의점을 찾지 못하고 결렬되었다. 이듬해 초에 김규식, 조완구, 원세훈 등의 창조파는 연해주 블라디보스토크에서 국민위원회를 열고 임시정부를 세우려다가 소비에트 러시아 정부의 배신으로 상하이로 쫓겨나고 말았다.

강대국들이 자국의 이익 앞에서 약속을 뒤집어버리는 엄혹한 현실 앞에서 김규식은 약소민족의 비애를 절감했다. 이후 김규식은 독립투쟁에 대한 의욕을 잃고 교육계에 투신하여 상하이 푸단(復旦)대학에서 영문학을 강의하고 베이양(北洋)대학 교수로 교단에 섰다.

다시 임정에 합류, 좌우합작한 1944년엔 부주석으로

김규식이 얼마간 멀어졌던 민족해방운동의 전면에 다시 등장하게 된 것은 1930년대 초부터였다. 만주사변으로 노골적인 중국 침략을 시작한 일제에 통쾌한 일격을 가한 윤봉길의 홍커우공원

:92 상하이에서 열린 국민 대표 회의(1923.1.3.~6.7.)에서는 임시정부 개조안(改造案)이 제기되었는데, 회의에 참여한 세력들은 임정을 고쳐서 쓰자는 '개조파'와 헐고 완전히 새로 짓자는 '창조파'로 나뉘어서 대립하였다.

의거에 고무된 한인 독립운동가들은 1932년 11월, 5개 혁명단체 (한국독립당, 조선혁명당, 의열단, 한국혁명당, 한국광복동지회) 연합체인 한국대일 전선통일동맹을 조직했고, 김규식은 집행부 외교위원장에 선임되었다. 이 동맹을 주축으로 중한(中韓)민중대동맹을 결성하고 그다음 해인 1933년 북미에 가서 독립운동 자금 약 8,000달러를 모금해 왔다. 그는 1932년 11월부터 1935년 10월까지 임시정부의 송병조, 양기탁 등의 요청으로 국무위원이 되었다.

이때 그는 '원동 정세(Far Eastern Situation)'라는 등사물을 발표하였는데, 이 문서에서 10년 후에는 미국과 일본 사이에 전쟁 발발 가능성과 미국의 승리를 예측하면서 중국을 비롯한 동방 피압박 민족들이 연대하여 무장투쟁을 준비하고 통일전선을 구축해야 한다고 역설했다. 김규식의 예리한 분석은 이번에도 정확하게 들어맞았다. 일본은 1941년에 진주만을 습격함으로써 태평양전쟁을 일으켜 미국을 비롯한 연합군과 전쟁을 벌였으며, 전쟁은 일본의 무조건 항복으로 끝났다.

1935년 7월 난징에서 조선민족혁명당:93을 조직한 것도 그러한 인식의 성과였다. 김규식은 김원봉, 김두봉, 이청천, 조소앙 등과 함께 중앙집행위원이 되고 주석으로 추대되었다. 1939년, 민족혁

:93 한국독립당, 조선혁명당, 신한독립당, 의열단, 대한독립당(하와이), 미주 대한 국민회, 뉴욕 대한인교민단, 하와이 대한국민회, 하와이혁명동지회의 9개 단 체가 모여 만든 독립운동단체.

명당은 임시정부에 참여함으로써 좌우합작이 이루어졌으며, 1944년 2월에 김규식은 임정 부주석에 선임되었다.

해방 정국에선 '좌우합작'과 '통합'에 진력

해방이 되자 김규식은 1945년 11월 23일에 김구 등과 함께 임정 1진으로 귀국했다. 민족혁명당 대표이자 임시정부 부주석 자격이었다. 민족의 '단합'과 '통일'이 진정한 광복이라고 믿은 그는 해방 공간에서 일관된 태도로 좌우합작과 통합을 이루려고 애를 썼다. 1948년 1월, 유엔 한국위원단이 서울에 들어오자, 그는 남북협상에 들어갔다. 그해 2월 이승만의 남한 단독정부 수립안에 '극소수의 이익을 위한 정권'이라며 공개적으로 반대했다. 1948년 3월 15일, 김일성과 김두봉의 회신에 따라 남북협상 5원칙을 제시하고, 김일성이 수락 의사를 표명하자 4월 21일 38선을 넘었다. 그러나 아무런 성과도 없이 서울로 돌아올 수밖에 없었다. 김규식은 5월 14일, 북한 측의 제2차 남북협상 제의를 거절하고, 5·10 남한 단독 총선거에 '반대하지도 참가하지도 않겠다(불반대·불참가)'라는 성명을 발표하고 사실상 정치 활동에 마침표를 찍었다.

1948년 7월 20일, 환국할 때부터 남한에 단정을 세우겠다고 구상하고 있던 이승만은 제1공화국 초대 대통령으로 당선되었다. 자주적인 통일 민족국가 수립을 지향하며 통일 정부를 구상하던 김규식과 김구를 누르고 이승만은 현실 정치의 승자가 되었다. 8

월 15일에는 남한 단독정부가, 9월 9일에는 북한 단독정부가 설립됨으로써 남북의 분단은 굳어졌다.

남북협상 무산, 남한 단정 수립, 분단은 굳어지고 전쟁까지

그리고 이태 뒤에 한국전쟁이 일어났다. 김규식은 피난하지 않고 있다가 6월에 납북되어 북한군 트럭으로 평양에 도착했지만, 연합군의 평양 공습이 시작되자, 더 북쪽으로 옮겨졌다. 1950년 12월 10일, 김규식은 평안북도 만포진 근처에서 오래 앓아온 심장병과 천식 등의 병세가 악화하면서 파란 많은 생애를 마감했다. 향년 69세였다.

그는 좌우합작과 남북협상을 주도하며 통일 자주 국가를 지향했고 중도 노선을 추구한 정치가였다. 남북협상의 실패로 꿈을 접어야 했지만, 그는 남북 모두에서 존경받은 민족지도자였다. 그는 탁월한 외교가였고, 민족의 미래를 위해 온몸을 바친 독립운동가이자 정치가였다. 그의 독립운동과 정치적 역정은 오로지 민족의 통합을 지향하는 데에 복무하였다.

> "우리는 우리의 장단에 춤을 추어야 하겠다. 좌우합작도 미국
> 사람 장단에 춤추었는지는 모르지만, 이제는 남의 장단에 출
> 것이 아니라 우리 장단에 춤추는 것이 제일이다. 그러기 위해
> 서 축배를 들자."

1948년 남북협상을 위해 평양을 방문했을 때 김일성이 베푼 초대연에서 김규식이 한 이 인사말은 해방 뒤 극심한 좌우 대립 속에서 그가 추구한 좌우익 연립 중도파 정부에 대한 열망과 신념을 단적으로 드러내는 것이었다.

그러나 김규식의 이름은 오랫동안 잊혀왔다. 단독정부 수립을 공개적으로 비난했던 '이승만의 정적'인 데다가 납북되었기 때문에 김규식은 이승만 집권 시기에 금기시된 이름이어서였다.

이승만의 정적, 금기시된 이름

김규식에 대한 서훈이 뒤늦게 1989년에 이루어진 것은 이러한 저간의 사정을 보여주는 것이다. 그는 1등급의 건국훈장 대한민국장에 추서되었고, 광복회는 1991년 국립묘지 애국지사묘역 선열 제단에 그의 위패를 모셨다. 좌우합작 운동을 벌일 때 그에게 비난을 퍼부었던 북한에서도 그를 '애국열사릉'에 안장하고 조국통일상을 추서했다.

타고난 건강도 시원찮았고, 투쟁가라기보다는 문인 기질의 학자형 인물임에도 그는 32년이라는 오랜 세월을 항일 독립운동 전선을 떠나지 않았다. 기독교인에다 미국 유학생 출신이라는 배경, 탁월한 어학 능력 등에도 그는 활동지를 미국이 아니라 중국을 선택했는데, 이는 이승만의 선택과 견주어지는 대목이다. 그는 '새로운 길', 즉 일제의 압제로부터 조국을 해방하는 일을 자신의 소명으로 받아들이고 가시밭길을 걸었다.

김규식은 1921년 모스크바 극동민족대회에 제출한 신상명세서에서 자신의 직업을 '교육가'로 적은 유일한 대표자였다. 알밤처럼 똘망똘망한 소년 김규식을 사진을 보면서, 식민지 엘리트로서 얼마든지 누릴 수 있었던 기득권에 연연하지 않고 오직 겨레를 위해, '이념을 초월한 통일전선 지도자'의 길을 걸었던 그의 삶과 투쟁을 다시 생각해본다.

26년간 임시정부 이끈 민족주의자의
조국 광복을 위한 풍찬노숙의 역사

학교를 세우고 아이들을 가르친 30살 김구

1906년, 갓 서른이 된 김구(1876~1949)는 장연예수교회에 광진
학교를 열고 아이들을 가르쳤다. [94] 사진은 교회 예배당 앞에서
학동들을 앞세우고 동료들과 어울려 찍은 사진이다. 뒷줄 맨 오
른쪽에 까까머리에 조선옷을 입고 선 김구는 광복 후의 후덕한
노인의 모습과는 상당히 멀어 보인다. 우락부락해 뵈는 얼굴이 샌
님 스타일의 전형적인 교원의 인상으로 보이지 않는다.

사범학교 출신은 아닐지라도 김구는 이전에도 사람들을 가르

---

[94] 김구가 학교를 세워 학생을 가르치기는 이번이 처음이 아니었다. 1903년 부
친의 탈상 후 기독교에 입문하고 읍내 진사 오인형의 큰사랑에서 연 봉양학
교가 처음이었다.

1906년, 30살 김구
광진학교 교원 시절 찍은 사진. 가장 뒷줄 맨 오른쪽에 선 사람이 김구다.

친 경력이 적지 않다. 16살 때 과거에 실패하고 1년간 집에서 가문의 어린이를 모아 가르쳤고, 20살 때는 일본인을 죽여 인천 감옥에서 복역할 때 감옥 안의 죄수들에게 글을 가르쳐 감옥을 학교로 만들었다. 1900년에는 강화도에서 석 달 동안 훈장 노릇을 했는데 이를 계기로 황해도 각지에 학교를 설립하는 등 교육 계몽 운동에 적극 참여하였다.

가족과 함께한 1921년의 가족사진

김구의 젊은 시절을 엿볼 수 있는 또 한 장의 사진은 1921년 상하이에서 찍은 가족사진이다. 사진관인 듯 배경 그림 앞에 카이저 수염의 김구는 밝은색 양복 차림으로 서고, 맏아들 인(1918~1945)은 장난감 자동차를 타고 운전대를 잡았다. 아내인 최준례(1889~1924)는 중국옷을 입고 의자에 앉아 있다.

김구는 1904년 스물여덟에 15살 처녀 최준례와 혼인하였다. 남자도 20살 전에 혼인하던 시절이라 당시로서는 상당한 만혼(晩婚)이었다. 그는 결혼 당사자의 의사와 무관하게 매매혼처럼 진행되던 당시의 혼인 풍습을 거부하며, 결혼의 조건으로 재산을 따지지 않고, 처녀는 학식이 있어야 하며, 서로 만나서 마음이 맞아야 한다고 여겼다. 그는 모친이 정해준 혼처를 거부하고 자유 결혼을 원하던 최준례를 직접 만나보고 혼인을 결정했다. 둘이 사실상 부부로 생활하게 된 건 1906년부터였다. 여자는 학식이 있어

1921년에 장남 인과 아내 최준례와 함께 찍은 김구의 가족사진.

야 한다고 여긴 김구가 혼약과 동시에 아내를 경성의 경신학교로
유학 보냈기 때문이다.

최준례는 첫아들 인(仁)을 얻기 전에 딸 셋을 낳았으나 모두 어
릴 때 여의었다. 1918년 인을 낳은 최준례는 1920년 아들을 데리
고 남편을 찾아 상하이로 와 부자 상봉이 이루어졌다. 사진은 그
러니까 그 이듬해에 찍은 것으로 어쩌면 김구는 단란한 가정을
사진으로 남기고 싶었는지도 모른다.

2년 후 최준례는 둘째 신(信)을 낳았는데, 몸조리하던 그는 숙소
인 상하이 영경방(永慶方) 10호 2층 계단에서 굴러떨어져 크게 다
쳤다. 폐렴까지 겹쳐 1년 넘게 고생하다가 상하이 병원에서 진찰
받고 서양 선교사가 무료로 운영하는 홍커우 폐병원에 입원했지
만, 그는 끝내 다시 돌아오지 못했다. 병원이 일경이 눈에 불을 켜
고 있는 일본 조계에 있었으므로 김구는 아내의 임종을 지켜보

지도 못했다. 망명 지사는 부부간 영결(永訣)조차도 불가능했던 엄혹한 시대였다.

1세대 독립운동가, 구국운동 거쳐 임시정부에 참여

독립운동가로선 가장 앞선 세대라 할 수 있는 김구는 1876년생으로, 동학농민혁명·청일전쟁(1894), 을미사변·단발령(1895), 러일전쟁(1904), 을사늑약(1905), 경술년의 국권피탈(1910) 등을 고스란히 겪었다. 그리고 1919년 3·1운동 뒤에 상하이로 망명한 이래, 1945년 환국할 때까지 26년간 임시정부를 지켰고, 온몸으로 겪어낸 한국 근세사를 자서전 『백범일지』에 기록했다.

황해도 해주에서 김순영과 곽낙원의 외동아들로 태어난 김구는 초년 시절부터 임시정부에 참여하기 전까지 매우 극적인 삶을 살았다. 17살에 동학에 입도하여 이름을 창수로 개명하고 '아기 접주'로 불릴 만큼 활약하여 이듬해 접주 첩지를 받았고, 해주성 공격에 실패한 뒤 쫓기다가 안태훈(안중근의 부친)에게 몸을 의탁하기도 했다.

1896년 3월, 황해도 안악 치하포에서 명성황후를 시해한 낭인으로 오인하여 일본인 쓰치다 조스케(土田讓亮)를 죽이고 붙잡혀 해주를 거쳐 인천 감옥에 갇혔는데, 감옥에서 책을 통해 서양 근대문물을 접했다. 1898년 백범은 탈옥하여 마곡사의 승려가 되었다가 이듬해 고향으로 돌아왔다.

1903년에 기독교에 입문하고 1905년에는 진남포 에버트청년회 총무 자격으로 경성 상동교회에서 열린 전국대회에 참가하여 전덕기·이준·이동녕 등과 함께 을사늑약 관련 상소를 올리고 구국운동을 전개했다. 광진학교를 세우고 아이들을 가르쳤던 시기를 증언하는 것이 앞의 사진이다. 그러다가 1911년 황해도 일대의 민족주의자를 모두 검거한 '안악사건'으로 체포되어 징역 15년을 선고받고 서대문 감옥으로 이감되었다.

1912년 김구는 옥중에서 뜰을 쓸거나 유리창을 닦을 때는 '우리도 어느 때 독립 정부를 건설하거든, 나는 그 집의 뜰도 쓸고, 창호도 닦는 일을 해보고 죽게 해달라'고 하느님께 기도하였다. 또, 이름을 '구(九)'라 하고, 호를 '백범(白凡)'이라 고쳤으니, 이름을 고친 것은 '왜의 민적(民籍)'에서 벗어나고자 함이고, 백범은 '가장 낮은 계층인 백정(白丁)과 범부(凡夫)'를 뜻하는 것으로, 자신이 가장 낮은 자리의 평범한 사람이라는 것을 강조한 것이었다.

1919년, 3·1운동이 일어나자, 43살 김구는 안악에서 만세 운동을 벌였고 그해 9월에 상하이로 망명하여 임시정부의 경무국장이 되었다. 가족사진을 찍은 다음 해, 어머니 곽낙원도 상하이로 왔고, 9월에 김구는 임정 내무총장이 되었다. 1923년에는 임시정부를 재편하여 독립운동의 활로를 마련하고자 상하이에서 국민대표회의가 열렸는데, 임정의 개편을 두고 회의에 참여한 세력들은 개조파와 창조파로 나뉘어서 대립하였다.

무려 74회에 걸쳐 회의가 진행되었지만, 국민대표회의는 성과

없이 종료되었다. 이후 몇 해 동안 임시정부는 내각 구성이 제대로 되지 않는 무정부 상태에 빠졌다. 1926년 이동녕의 권유로 김구가 국무령(1926~1927)에 선출되었으며, 김구는 국무령제를 집단지도 체제인 국무위원제로 개헌하였다. 정부 구성은 되었으나 경제적으로는 정부 명의를 유지할 길이 막연하였다. 청사 집세가 불과 30원, 고용인 월급이 20원을 넘지 않았으나, 집세 문제로 주인에게 종종 소송을 당하곤 하였다. 그 시절에 잠은 청사에서 자고 밥은 동포들 집에서 얻어먹으며 지내니, 자신은 "거지 중의 상거지"였다고 김구는 회고하였다.

1940년부터 주석으로 임정을 이끌다

그 이후, 이동녕·양기탁을 거쳐 1940년 3월부터 해방 이후인 1947년 3월까지 김구가 주석[95]으로 임시정부를 이끌었다. 김구는 1919년 수립 때부터 광복까지 임시정부를 떠나지 않고 지켰으며, 한인애국단의 의열투쟁을 기획하여 일제에 타격을 주었으며, 광복군을 창설하여 제한적이나마 독립전쟁을 지휘했다.

한인애국단은 만주사변 이후 독립운동의 새로운 활로를 모색

[95] 임시정부는 1948년 8월 15일 대한민국 정부가 수립됨으로써 해산하였다. 1947년 3월부터 1948년 8월 15일까지는 이승만이 임정의 마지막 주석을 맡았다.

하고자 임정이 조직하고 김구가 책임을 맡은 비밀조직이었다. 그가 주도한 이봉창과 윤봉길의 거사는 존폐의 갈림길에 내몰린 임정을 되살려냈다. 도쿄 한복판에서 펼쳐진 이봉창 의거는 임정의 '건재'를 만방에 알린 쾌거였다. 이어진 윤봉길의 홍커우 의거 성공으로 중국국민당 정부의 지원까지 얻게 되면서 임정은 비로소 민족적 기반을 새롭게 회복할 수 있었기 때문이다.

그러나 홍커우 의거 이후 상황은 임정에 매우 부정적으로 전개되었다. 무엇보다도 상하이를 점령하고 있던 일본의 압박이 심했다. 일제의 한국인에 대한 수색과 체포가 이어지면서 임정과 민단은 물론, 부녀단체조차도 활동할 수 없는 상황이 된 것이다.

또 일본 외무성과 조선총독부, 상해 주둔군 사령부 등 3부 합작으로 김구의 체포에 60만 원(현재 가치 200억 원 이상)의 현상금이 걸렸다. 이 같은 일제의 집요한 추적에 결국 임정과 김구는 상하이를 떠나지 않을 수 없는 상황에 이르렀다. 1932년 5월, 김구는 상하이를 탈출했다.

항저우에서 충칭까지, 8년 유랑하며 임정의 깃발을 지켜내다

그것은 망명 임시정부 유랑의 시작이었다. 임정은 1932년 5월 항저우(杭州)로 이주한 뒤, 전장(鎭江, 1935)·창사(長沙, 1937)·광저우(廣州, 1938.7.)·류저우(柳州, 1938.11.)·구이양(貴陽, 1939.4.)·치장(綦江, 1939.5.)을 거쳐 충칭(重慶, 1940)에 닿았으니, 8년간 7번이나 청사를 옮겨야 했다.

임시정부는 전쟁으로부터 비교적 안정된 지역인 충칭에 정착하면서 조직과 체제를 정비하기 시작하였다. 임정은 충칭에 오기 전인 1940년 5월에 민족주의 세력을 통합하여 한국독립당을 창당함으로써 세력 기반을 넓히고 3당의 역량을 결집했다. 그해 10월에는 단일 지도 체제인 '주석제'로 바꾸고 국무위원회 주석에 김구를 선출했다. 이로써 김구는 강력한 지도력을 행사할 수 있게 되었다.

충칭에서는 한국광복군을 창설하고 임시정부 명의로 대일 선전포고를 발표(1941.12.18.)하였다. 이듬해에는 조선의용대의 한국광복군 편입이 결의(1942.4.)되었다.

1945년 3월 말, 김구는 맏아들 인을 잃어야 했다. 인은 안중근의 동생인 안정근의 장녀 안미생(1914~?)과 연애 끝에 결혼했다. 3살 연상의 안미생은 영어, 러시아어 등 외국어에 능통해 충칭의 영국대사관에서 근무한 재원이었다. 충칭은 무덥기로 유명한 곳인데, 수도가 되면서 도시 규모가 10배 이상 커지면서 공기가 아주 나빠져 고령의 독립운동가들이 폐병을 앓다가 세상을 뜨는 일도 잦았다.

김인도 폐병을 앓기 시작했다. 공기가 나쁘기도 했지만, 일본군 점령지역에서 첩보 활동을 했던 긴장감이 병을 키웠던 것으로 보인다. 안미생은 시아버지 김구를 찾아가 당시 만병통치약으로 알려진 페니실린을 맞게 해달라고 애원했다.

김구는 폐병으로 죽어가는 다른 동지들도 그렇게 해주지 못하는데 아들이라고 특별히 손을 쓸 수 없다며 이를 거절했다. 어버이로서 자식의 목숨을 근심해야 마땅했지만, 백범은 그 위급한 순간에도 공사(公私)를 엄격히 구분했다. 병이 깊어져 김인은 결국 일흔을 앞둔 부친과 아내, 어린 딸 효자(1941~)를 두고 먼저 눈을 감았다.

훈련 마치자 일본 항복, 독수리작전 전격 취소

1945년 5월에는 마침내 '독수리 작전'으로 불린, 한국광복군과 미국 OSS:96와의 연합훈련이 시행되었다. 그러나 3개월 훈련을 마친 이들 1기생이 배출된 지 불과 11일 후에 일본이 항복함으로써 이 작전은 무산되었다.

국내진공작전의 무산은 단순히 1개 작전의 취소로 끝나지 않았다. 한반도 남쪽에 진주한 미군은 임정을 인정하지 않고 광복군에게도 무장 해제를 요구하였다. 김구 주석을 비롯한 임정 요인들은 물론이고, 광복군도 무장을 해제한 상태로 귀국할 수밖에

:96　OSS(Office of Strategic Service, 미국 전략사무국)는 제2차 세계 대전 당시 유럽, 북아프리카, 태평양 전선에서 활약했던 미합중국 육군과 미합중국 해군 등의 인원이 합동으로 구성된 첩보기관이자 특수작전부대. 여기서 복무했던 다수가 훗날 육군 특전사(그린베레)와 CIA(중앙정보국)의 창설 요원이 되었다. 오늘날 CIA(중앙정보국)의 전신이라 할 수 있다.

없었다. 비록 국력의 격차나 망명정부로서의 한계 때문이긴 했지만, 그것은 수십 년에 걸친 싸움에서 적에게 패배한 게 아니라, 우군으로부터 전우로 받아들여지지 않은, '연대와 연합의 패배'였다.

조국이 해방되었지만, 임정 요인들의 발은 두 달이 넘게 상하이에 묶여 있었다. 비행기를 내줄 미군의 승인을 기다리는 것 외에 달리 방도가 없었던 것은 미군이 '임시정부' 자격이 아니라 '개인' 자격으로 입국하기를 요구했기 때문이었다. 결국, 김구가 개인 자격 입국에 동의하고, "입국하여 집단적으로나 개인적으로나 행정적, 정치적 권력을 행사하는 정부로 기능하지 않을 것을 선언"하는 편지를 중국 주둔 미군 사령관 웨더마이어(Albert C. Wedemeyer) 장군에게 보내고 나서야 미군은 수송기를 제공했다.

편지 형식을 빌렸지만, 그것은 사실상 '임시정부' 자격을 포기하는 서약서였다. '한반도를 신탁 통치한다'라는 전후 대한(對韓) 정책을 견지해온 미국은 임정을 망명정부로 인정할 뜻이 전혀 없었다. 김구와 임정 요인 15명이 미군 수송기로 김포 비행장에 닿은 것은 1945년 11월 23일이었다. 비행장에는 환영 인파는커녕 마중 나온 사람조차 없었다. 요인들이 숙소에 들어간 뒤에야 주한 미군 사령관 하지(John Reed Hodge)는 이들의 귀국 사실을 발표했다.

> "나와 나의 각원(閣員 : 내각 구성원) 일동은 한갓 평민의 자격을 가지고 들어왔습니다. 앞으로는 여러분과 같이 우리의 독립 완성을 위하여 진력하겠습니다."

다음 날 임시정부 주석 김구는 경성방송국에서 방송으로 동포들에게 귀국 인사를 전했다. '평민 자격'을 확인해야만 하는 이 상황은 1919년 상하이에서 출범한 임시정부의 항일투쟁, 그 간난의 역사에 대한 부정이었다. 그러나 해방정국이 임정의 뜻과 무관하게 강대국들의 의도가 관철되는 '배반의 시간'으로 흘러간다고 해도 임정의 '26년 투쟁'이 부정될 수는 없는 일이었다.

김구는 경교장에서 생활하면서 건국 활동 및 신탁통치 반대(반탁), 통일운동을 이끌었다. 미군정과 함께 여러 정치 세력의 각축이 이어지던 해방 공간에서 김구의 거처였던 '서대문 경교장'은 민족진영 인사들의 집결처였다. 김규식 등과 함께 평양행을 결정하고 북행길에 올랐지만 이 협상은 애당초 성공할 수 없는 것이었다. 김구는 빈손으로 38선을 넘어 귀환하였다. 그는 남한만의 단독정부 수립이 조국을 영원히 분단시킬 것이며, 결국은 군사 대결로 치달을 것이라고 확신했다.

암살 음모 제보, 동포가 어떻게 하겠는가

한편, 김구는 자신에 대한 암살 음모가 꾸며지고 있다는 제보를 받았지만, 이를 대수롭지 않게 넘겼다. 직업군인이긴 했지만, 권총을 소지한 안두희가 경교장을 출입할 수 있었을 만큼 경호 시스템도 허술했다고 할 수 있다. 당일, 평소와는 다른 낌새를 느낀 이들의 경고가 몇 차례 있었다. 군복 청년들과 헌병들이 경교장 주변을 서성거리고 있었고, 이를 예사롭게 여기지 않은 지인들이 전화를 걸어왔지만, 비서실에서는 별다른 주의를 기울이지 않았다. 1949년 6월 26일, 육군 소위 안두희:97는 비서의 안내로 김구의 집무실에 들어가 김구를 향해 방아쇠를 당길 수 있었다.

1938년 '남목청':98의 저격을 포함, 모두 세 차례의 암살 시도에도 살아남았던 김구는 해방 조국에서 현역 국군 장교의 총에 맞아 일흔셋의 삶을 마감했다. 김구의 장례는 1948년 정부 수립 이후 대한민국 최초의 국민장으로 열흘간 거행되었다.

100만 명이 넘는 조문객이 찾았고 장례일에도 4, 50만 명의 인파가 운집했다. 전국 각 도시에도 수만 명 시민이 모여 그를 배웅하였으니 '남한이 통곡 속에 싸였다'라고 해도 좋을 정도였다고 한다. 백범의 삶은 조국 광복을 위한 풍찬노숙의 역사 그 자체였

:97 안두희(1917~1996)는 범행 뒤 종신형을 선고받았으나 석 달 뒤 15년으로 감형되었고 1950년 6·25 전쟁이 일어나자 잔형집행정지 처분을 받고 포병 장교로 복귀하였다. 1953년 육군 소령으로 예편한 안두희는 평생 백범 살해범의 죄를 벗지 못한 채 도피 생활을 거듭하다가 1996년 10월 인천의 자기 집에서 자신을 추적해 온 버스 운전기사 박기서가 휘두른 정의봉에 맞아 사망했다. 가족에게조차 버림받은 안두희의 시신은 화장되어 한강에 뿌려졌다.

:98 남목청(楠木廳)은 조선혁명당 본부 건물로, 남목청 사건은 1938년 5월에 중국 창사(長沙)의 독립운동 세력의 3당 합당을 논의하기 위해 열린 연회에서 조선혁명당원 이운환이 권총을 난사한 사건이다. 일제가 독립운동 진영 내부의 세력 대결을 이용해 치밀하게 공작 펼친 결과 발생한 이 사건으로 현익철(1890~1938)이 사망하고 김구와 유동열(1877~1950)이 중상을 입었다.

음을 이 땅의 무지렁이 백성까지도 알고 있었던 것이었다.

그의 장례는 온 국민이 상복을 입고, 스스로 상주가 되었던 역사였다. 7월 5일, 그의 유해는 효창공원의, 그가 몸소 이장한 삼의사(윤봉길, 이봉창, 백정기)와 임정 요인 묘역 근처에 안장되었다. 김구에게는 1962년 대한민국 건국훈장 중장(뒤에 대한민국장)이 추서됐다.

나라를 빼앗기고 그것을 되찾는 데 온 삶을 걸었던 이 소박한 민족주의자는 고단한 항일투쟁의 가운데서 쓴 『백범일지』 하권에 붙인 글 '내가 원하는 우리나라'에서 "나는 우리나라가 세계에서 가장 아름다운 나라가 되기를 원한다."라고 했다. 그런 나라를 만들려 애쓰다가 흉탄에 쓰러졌으나, 그가 말한 '문화의 힘'은 21세기 대한민국이 펼쳐가는, 이른바 '케이(K) 소프트파워'로 시나브로 피어나고 있으니 그 울림은 뒷사람에게도 예사롭지 않다.

> "가장 부강한 나라가 되기를 원하는 것은 아니다. 내가 남의 침략에 가슴 아팠으니, 내 나라가 남을 침략하는 것을 원치 아니한다. 우리의 부력(富力)은 우리의 생활을 풍족히 할 만하고, 우리의 강력(強力)은 남의 침략을 막을 만하면 족하다. 오직 한없이 가지고 싶은 것은 높은 문화의 힘이다. 문화의 힘은 우리 자신을 행복하게 하고, 나아가서 남에게 행복을 주기 때문이다."

19

미주 한인사회의 통합을 앞당긴 '샌프란시스코'의 총성

일본의 앞잡이인 미국인 처단을 시도한 24살 전명운

1908년 3월 23일, 샌프란시스코항 오클랜드행 도선 대합실 페리 빌딩 앞에서 대한제국 '외교 고문'인 미국인 더럼 화이트 스티븐스가 한 청년의 총에 맞아 쓰러졌다.

전날 페어몬트호텔에서 묵은 스티븐스는 워싱턴 D. C.로 가기 위해 페리호 도선 대합실을 찾아 주샌프란시스코 일본 영사의 안내를 받으며 자동차에서 막 내리던 참이었다.

그는 두 사람의 표적이었다. 첫 번째 청년은 붕대에 숨긴 리볼버를 발사했지만 방아쇠가 붕대에 걸려 격발되지 않으면서 실패했다. 당황한 청년은 거꾸로 잡은 권총 자루로 스티븐스의 얼굴을 후려쳐 그가 차에 머리를 부딪히고 쓰러지게 했다.

스티븐스가 정신을 수습하여 청년을 붙잡고 몸싸움을 벌이자,

1907년, 23살 전명운
의거 한 해 전에 샌프란시스코에서 찍은 사진이다.

청년은 몸을 빼내 거리 저쪽으로 도주하기 시작했다. 피를 흘리며 청년을 뒤쫓으려던 스티븐스를 향하여 또 다른 권총 한 자루가 불을 뿜었다. 도주하던 청년은 뒤쪽에서 세 발의 총소리를 들었지만, 그게 자신이 맞히려던 표적을 향해 발사된 총소리라는 걸 깨닫지 못했을 것이다.

첫 번째 총알은 청년의 어깨에 맞았고 나머지 두 발은 스티븐스의 몸을 관통했다. 현장에 있던 순찰 경관들이 두 청년을 체포했다. 저격에 실패한 청년은 병원에서 응급 처치를 받고 공범 혐의로 재판에 넘겨졌는데, 이틀 뒤에 자신의 표적이 탄환 제거 수술 중 사망했다는 소식을 들었다. 그리고 제대로 표적을 쓰러뜨린 청년이 보석 없이 구속되었다는 사실도 확인했다.

유학을 꿈꾸며 하와이로 향한 노동 이민자

저격에 실패한 청년은 서울 출신의 24살 전명운(1884~1947), 뒤의 청년은 평양 출신의 32살 장인환이었다. 이 사건이 바로 장인환과 전명운의 '상항 의거'다. 촬영 시기가 1907년이라고 전하는 사진 속의 전명운은 아주 얌전한 소년 같은 느낌을 물씬 풍긴다. 거사 1년 전이니 23살이다. 이미 기혼자였지만 마치 이제 막 성년이 된 듯한 맑고 고운 모습의 그가 스티븐스 처단을 자원하여 의거에 나섰다는 게 얼핏 믿어지지 않을 정도다.

전명운은 1884년 서울에서, 유복하지는 않아도 중산층이라 할 수 있는 상인의 아들로 태어났다. 그는 서울의 상업적 환경에서 자라나면서 매우 진취적인 성향을 지니게 되어 서구의 신문물을 받아들이고 근대화하는 데 매우 적극적이었다고 한다.

15~16살 무렵, 서울에는 독립협회가 설립되어 서구 민권사상과 부국강병을 위한 토론회 등이 이어지고, 그가 사는 종로에는 만민공동회가 열리는 등 서구의 근대문물을 수용하자는 운동이 한창 일어나고 있었다. 예민한 청소년기의 견문과 더불어, 가업을 이어받은 형 밑에서 포목과 남도 죽물(竹物)을 취급하는 가게 일을 도우면서 그는 열린 사고를 지닌 청년으로 성장했다.

한인들의 미국 이민은 1903년부터 시작되어 1905년까지 56회에 걸쳐 7,291명이 하와이로 향했다. 전명운이 유학을 목적으로 이민선 도릭(Doric)호를 타고 호놀룰루항에 도착한 것은 1903년 9월 18일이었다. 한인 노동자들은 하와이에 산재한 65개의 사탕수수 농장에서 백인 감독의 부당한 대우를 받으며 하루 16시간 이상 노동해야 했다.

이듬해 계약이 끝나자 전명운은 임금과 대우가 나은 일자리를 찾아 샌프란시스코로 이주하였다. 그는 부두 노동, 철로 공사장 노동, 채소 행상, 신문 배달 등의 일을 하면서 안창호가 만든 공립협회에 가입하였다. 당시 공립협회에서는 토요일마다 공립관에서 토론회를 열었는데 전명운은 매주 토론회에 참석하여 국권 회복을 주제로 토론도 하고 연설도 하였다고 전한다.

전명운은 로스앤젤레스 경찰의 신문에서 "미국으로 건너와서

학업을 닦아 가지고 나라를 위하여 헌신하기로 결심했다."고 대답
했는데 이는 그가 이민의 목적을 '유학'에 두고 있음을 밝힌 것이
었다. 그러나 그는 현실적으로 공부할 수가 없었다. 남의 도움받
기를 싫어하였기에 스스로 학비를 마련하고자 했으나 그건 정말
쉽지 않은 일이었다.

스티븐스 저격 거사 무죄로 석방

그 무렵 캘리포니아 지역에 아시아인 노동자가 증가하자 백인
노동자의 반감이 커지면서 이른바 황화론 :99 이 고조되기 시작했
다. 이에 샌프란시스코에서 일자리를 찾기 힘들어지자, 전명운은
알래스카의 어장에서 일하기도 했다. 한인들은 고기를 잡거나 통
조림공장에서 일했는데 일본인 감독에게 부당한 대우를 받는 일
이 많았다. 전명운은 임금을 제때 주지 않는 일본인 감독에게 항
의하여 동포들의 임금을 대신 받아주기도 할 만큼 의협심과 리더
십이 남달랐다.

전명운이 친일파 미국인 스티븐스의 샌프란시스코 방문에 격
분하여 거사에 나서기로 한 것은 그의 성정으로선 당연한 일이었

:99 황화론(黃禍論, Yellow Peril)은 19세기 말과 20세기 초, 일본 제국과 청나라
   를 비롯한 황인종들에게 정복당할지도 모른다는 우려에서 비롯된 유럽인들
   의 위기론이다.

다. 그는 권총과 스티븐스의 사진 한 장을 준비하고 부두에서 대기하다가 스티븐스를 향해 리볼버를 당겼으나 불행히도 탄환은 발사되지 않았다.

전명운은 즉시 장인환과 공범자로 체포되었지만, 두 사람의 관련성은 끝내 입증되지 않았다. 전명운은 무죄를 선고받고 1908년 6월 27일 석방되었다. 공범은 아니더라도 같은 시각, 같은 장소에서 같은 목표를 노리고 있었던 두 사람의 관련성이 드러나는 건 위험한 일이었다. 장인환의 재판 중 신변의 위험을 느낀 전명운은 이름을 마크 필즈(Mark Fields)로 바꾸고, 변호사의 권유로 1908년 12월 시베리아 블라디보스토크로 피신하였다.

그 무렵, 블라디보스토크에는 그 전해에 연해주로 망명한 안중근이 장차 이토 히로부미를 죽일 계획을 세우고 있었다. 블라디보스토크에 머무는 동안 전명운은 안중근 등 현지 한인들이 조직한 독립운동 단체인 동의회(同義會)에 참가했는데, 회원들은 전명운의 상항 의거를 기리면서 그런 기회를 선망하고 있었다.

전명운은 안중근과 블라디보스토크에서 여러 차례 만나 독립투쟁에 관한 의견을 나누었다. 뒷날, 이토를 처단한 안중근은 전명운에 대해 나이는 어리지만 성정이 굳센 청년이라고 평가했으니 두 사람은 일정 정도 교감이 있었다고 볼 수 있겠다.

미국으로 돌아온 전명운은 뉴욕을 거쳐 캘리포니아의 농장 지대인 맨티카(Manteca) 지방에 정착하여 세탁소를 경영했다. 상항 의거로부터 11년 뒤인 1919년 1월, 장인환의 가석방 소식을 들은 전명운은 샌프란시스코로 가서 장인환을 만나 그간의 옥고를 위로하고 '평생의 정의'를 전했다고 한다. 같은 시공간에서 하나의 목표를 추구하다 자신의 실패를 만회해준 장인환의 존재란 그에게 얼마나 운명적이었겠는가.

1919년 3·1운동 축하회 열고, 독립 의연금 기부

1919년 3월 9일 국내에서 일어난 3·1운동 소식이 미주에 전해지자, 전명운은 주변의 한인들을 모아 대대적인 축하회를 열었다. 또 거금 50달러를 독립 의연금으로 내는 등 국내외 독립운동 지원에도 힘썼다.

전명운은 3·1운동 이후 평범한 일상인으로 독립운동을 후원하며 살아가고자 하였으나 일상의 삶도 평탄하지는 않았다. 13살 큰아들이 스키장에서 사망했고, 뒤이어 서울에서 온 아내마저 세상을 떠났다. 이에 거처를 로스앤젤레스로 옮기고 세탁소의 세탁부로 일하였으나, 혼자 자식 셋을 건사할 수 없어 고아원에 맡길 수밖에 없었다. 전명운은 로스앤젤레스 북 그랜드 애브뉴 노인 아파트에서 홀로 살다가 1947년 11월 18일 세상을 떠났고, 로스앤젤레스 위티어(Whittier) 천주교 묘지에 묻혔다. 향년 64세였다. :100

:100 대한민국 정부는 그의 공훈을 기리어 1962년 건국훈장 대통령장을 추서하였고, 유해도 1994년 4월 고국으로 봉환되어 국립서울현충원에 안장되었다.

두 청년의 의거로 미주 한인들의 통합이 이뤄지다

장인환과 전명운은 살기 위해서 하와이로 건너온 이들이었다. 독립운동을 목표로 망명하거나 부모의 든든한 지원으로 유학 온 유복한 젊은이도 아니었다. 유학은 전명운의 희망사항이었지만, 생계를 잇기 급급한 현실에서 그것은 현실이 될 수 없었다. 그러나 이들은 조직의 도움 없이 독자적인 행동으로 일제 침략의 하수인 스티븐스를 응징함으로써 애국 청년임을 증명했다.

두 청년의 의거는 국내외에 큰 영향을 끼쳤다. 한국 병탄을 목표로 한 일제의 침략과 그 하수인인 스티븐스의 비열한 행위를 국제여론에 알린 것은 물론, 여러 단체가 난립해 있던 미주 한인 사회를 '대한인국민회'로 통합하여 미주 항일 독립운동의 본산 구실을 하게 하였다.

무엇보다도 장인환과 전명운이 샌프란시스코에서 울린 총성은 국내외에서 본격적인 '의열투쟁'을 촉발하는 계기가 되었다. 이듬해인 1909년 10월에는 안중근이 하얼빈에서 한국 침략의 원흉 이토 히로부미를 처단했고 12월 이재명은 비록 미수에 그쳤지만 이완용을 척살하려 했는데, 이는 상항 의거가 직접 영향을 미친 것이었다. 의열투쟁은 이후에도 강우규의 사이토 총독 저격(1919), 김지섭(1924)과 이봉창의 일왕 저격(1932), 윤봉길의 홍커우공원 의거(1932) 등으로 꾸준히 이어졌다.

20

여성 해방은
경제적 자립에서 시작된다

경성에서 여성 직업 교육에 매진한 30대 중반의 차미리사

구두에 코트를 입고, 보닛(bonnet)이라 불리는 챙 넓은 모자를 썼으며, 핸드백과 양산을 들고 차분하게 정면을 응시하고 있는 사진 속 여인은 동양인의 외모만 아니라면, 화려한 차림새가 19세기나 20세기 초반의 서구 영화에 나올 법한 모습이다.

양산이 유행하게 된 것은 장옷이 사라지면서부터인데, 1920년 들어 신여성들이 거추장스러운 장옷은 내던졌지만, 얼굴을 다 드러내고 나다닐 순 없었기에 대신 양산으로 얼굴을 가렸다고, 덕성여대 차미리사연구소 소장 한상권 교수는 설명한다.

사진은 차미리사(1879~1955)의 30대 중반쯤으로 추정되므로 1915년 이후의 사진인데, 당시 경성 거리를 저렇게 성장한 여성들이 활보했다는 게 잘 상상되지 않는다.

1910년대 후반, 30대 차미리사
경성에서 찍은 사진이다.

그러나, '섭섭이'라는 이름으로 살다가 개신교회에서 '미리사'라는 세례명과 함께 근대 여성의 삶을 시작하고, 중국과 미국에서 각각 유학한 '신여성'이라는 그의 성장 서사를 생각하면 저 서구풍 차림새가 몸에 익을 수밖에 없다는 사실에 고개를 끄덕이게 될 것이다.

'섭섭이'로 태어나 '미리사'가 되다

차미리사는 주어진 운명을 스스로 개척한 사람이었다. 아들을 바라고 있다가 딸을 낳자, 이름 대신 '섭섭이'로 불렸을 때 그는 이미 온전한 한 사람으로 받아들여지지 못한 것이었다. 1895년 16살 때 혼인하여 딸 하나를 낳았는데, 남편과 사별하면서 이른바 '소년 과부'로 불리기 시작했다.

거기서 주저앉았다면 그의 삶은 여느 홀어미의 그것과 다르지 않게 전개되었을 것이지만, 고모의 권유로 상동 감리교회에 나가면서 자기 삶의 주인으로 서는 법을 깨치기 시작했다. 그는 교회에서 아이들에게 한글을 가르치면서 기독교에 입교하여 '미리사(Mellisa)'라는 세례명으로 불리게 되었다. 남편의 성씨를 따르는 서양식 이름 '김미리사'로 쓰다가 본래의 성을 써 '차미리사'로 쓰게 된 것은 1936년부터였다.

차미리사는 재산도, 학력도 갖추지 못했지만 선교사 헐버트의 도움으로 1901년 중국 쑤저우(蘇州)의 감리회 소속 신학교에서 4년간 영어·중국어·신학 등을 공부했는데, 가난한 유학 생활 중 뇌 신경병을 앓아 귀가 어두워져서 늘 보청기를 끼고 다녀야 했다. 그리고, 교우인 조신성:101 의 권유와 미국 유학을 다녀온 한국 최초의 여의사 박에스더를 보고서 용기를 얻어 미국 유학을 결심했다. 1905년에 미국 유학길에 올라 샌프란시스코에 첫발을 디딘 그는 8년 동안 미국에 머물렀다. 처음 6년 동안은 각종 사회운동에 헌신했고 마지막 2년은 본래의 목적인 공부를 했다. 그는 로스앤젤레스 한인들이 많이 일하는 패서디나(Pasadena) 시의 휴양 호텔에서 객실 담당 종업원으로 학비를 모았고, 재미 한인사회와 교류를 시작했다.

'을사늑약' 뒤 구국 활동 시작, '의혈 투쟁' 주장

1905년, 을사늑약이 체결되었다. 외교권을 빼앗기고 풍전등화에 처한 조국의 위기를 전해 들은 한인들이 대동교육회:102 를 결성할 때 차미리사도 여기 참가하면서 한인사회의 구국 활동에 함께하기 시작했다. 1907년에 대동교육회는 '대동보국회'로 확대 개

:101 조신성(1867~1952)은 진명여학교 교장, 근우회 평양지회장 등을 역임하며 항일투쟁을 전개한 교육자·독립운동가다. 1991년 건국훈장 애국장 추서.

:102 1905년 캘리포니아에 세운 한인들의 교육 진흥 단체로 회장 김우제, 총무 장경(1995 애족장)으로 구성됐다.

편되었는데, 차미리사는 상항 의거∶103 의 주역 장인환과 함께 발기인으로 참여하였다. 그리고 기관지 「대동공보」에 기고한 논설에서 '피로써 나라를 지키자'라고 주장했다.

> "이 내 몸은 대포알의 집이 될지라도 내 나라만 독립되면 나의 죽음은 꽃이로다. 동포 동포여 내가 참으로 고하노니 나라를 위하여 피 흘리는 것은 백성된 의무요, 동포를 위하여 피 흘리는 것은 사람의 직책이라. 우리의 직책을 다하며 세상의 빛이 되고 나라에 꽃이 됩시다."

그는 "동포의 고통을 외면하고 천국에 가길 소원하는 내세 지향적 영혼 구원 신앙, 불의한 현실 사회에 대해 무관심한 초월주의적 신앙, 정교분리 뒤에 숨어 민족의 아픔을 외면하는 경건주의적 신앙 모두를 비판"(한상권)하면서 이른바 '의혈 투쟁'의 소신을 편 것이었다. 이는, 샌프란시스코에서 장인환의 재판 법정 통역을 기독교도로서 살인자를 변호할 수 없다는 이유를 들어 거절한 이승만이 해방정국에서 면담을 요청하자, 차미리사가 이를 단호히 거부한 데서도 분명하게 드러난다.

∶103 1908년 3월 23일 장인환과 전명운이 대한제국의 친일 외교관 스티븐스를 처단한 독립 의거.

1910년 신학교 입학, 기독교 신앙에 근거한 '독립전쟁론'

1910년 8월, 일본의 한국 병합 소식을 뒤로 하고 차미리사는 미주리주 캔자스시티에 있는 2년제 특수 성경학교인 스캐리트신학교(Scarritt College)에 입학했다. 이 학교 졸업생들은 사회적 정의, 범죄, 빈곤, 아동노동, 전쟁 등의 사회적 주제들에 대해 기독교 사상으로 접근한 사회복음주의자들이었다.

1912년 여름, 학교를 졸업하고 귀국한 차미리사는 배화학당에서 기숙사 사감을 겸하면서 성경을 가르쳤다. 당시 배화학당에는 남궁억·이만규·윤치호·허헌 : 104 같은 민족주의 지도자들이 동료 교사로 근무하고 있어서 차미리사는 이들에게서 당시 식민지 현실과 여성과 교육 문제 등에 관한 인식의 지평을 확장할 수 있었다.

1919년 3·1운동 때는 교장이 수업을 단축하고 학생들을 일찍 귀가시킴으로써 학생 시위는 이루어지지 않았다. 그러나 1920년

: 104 남궁억은 「황성신문」 사장, 대한협회 회장, 배화학당 교사 등을 역임하며 애국계몽운동을 전개한 언론인·교육자이며, 이만규는 송도중학교 교원, 배화여학교 교장 등을 역임한 교육자·사회주의자이다. 윤치호는 대한제국기 중추원의관, 한성부 판윤 등을 역임한 관료이자 정치인, 친일반민족행위자이다. 허헌은 일제강점기에 변호사로 활동하며 노동자, 빈민층을 변호하였으며, 해방 이후 월북하여 김일성대학 총장, 최고인민회의 의장 등을 역임한 법조인·정치인이다.

3·1운동 1주기를 맞아 배화학당 내부에서 다시금 만세운동을 계획하였다. 1920년 3월 1일 새벽, 40여 명의 여학생들이 학교 뒷산 필운대와 교정에서 만세를 외쳤고, 그중 24명이 체포되어 서대문형무소에서 옥고를 치렀다. 이 사건으로 교장이 바뀌고 차미리사도 사감직에서 물러났다.

1920년, 조선여자교육회 조직해 본격적인 여성운동 펴

1920년 2월에 차미리사는 조선여자교육회를 조직하고 회장에 선임되었다. 여자교육회의 중심 활동은 여자 야학과 잡지 「여자시론(時論)」 발행, 그리고 매월 시행하는 월정 강연회였다. 1922년에는 조선여자교육협회로 변경하고 생활에 도움이 되는 과목, 재봉반과 상업반을 추가했는데, 이는 그가 꾸준히 주장해온 여자 실업 교육의 시작이었다.

1921년에는 여성 교육의 중요성을 일깨우는 순회강연을 하면서 전국을 돌았다. 강연의 주제는 '조혼과 축첩 폐혜', '가정 개조', '여성 교육', '육아 교육' 등이었는데, 강연을 들은 여성들은 눈물을 흘리며 은비녀, 금가락지를 뽑아서 성금을 내놓았다.

전국의 강연에서 걷힌 모금은 약 5,000원이나 되어 그 돈으로 여성 교육이 가능한 건물을 사들일 수 있었다. 그리하여 1923년 3월, 조선여자교육협회 산하 부인야학강습소는 이 건물에서 '근화(槿花)학원'으로 이름을 바꾸고 주간부 200명, 야간부 100명의 학생을 모집하였다. 1924년에는 새 교사로 이전하여 기본의 보통학교 과정, 상업과, 재봉과 외에 음악과와 영어과를 신설했다. 당시 경성부 내의 여학교들이 대체로 '현모양처'를 교육의 목표로 삼았던 반면, 그는 사회에 필요한 실용적인 기술과 지식을 가르치는 것을 목적으로 삼았다.

근화학원은 왜 덕성학원이 되었나

차미리사가 여성의 직업교육을 강조한 이유는 경제적 자립이 전제되어야 여성해방이 가능하다고 믿었기 때문이었다. 이러한 생각은 남편과 사별 후 겪었던 어려움과 중국과 미국에서 고학으로 공부할 때의 경험으로 체득하였을 것이다.

1925년에 근화학원은 '근화여학교'로 각종 학교 인가를 받았고, 1934년에는 근화여자실업학교로 정식 인가를 받았다. 그가 꿈꾸던 '민족 여성·근대 여성·실업 여성'을 키워내는 일이 첫발을 뗀 것이었다. 교정에 애국·애족의 상징인 무궁화나무를 심고 교복 치마도 무궁화 빛깔로 물들여 입게 하여 학생들 개개인이 무궁화 꽃이라는 자부를 심어주었다.

그러나 총독부는 '근화'라는 명칭이 무궁화를 상징한다고 시비를 걸었고, 이에 따라 1938년 명칭을 덕성(德成)학원으로 바꾸어야 했다. 1937년 중일전쟁 이후 전시 동원 체제를 구축한 일제는 학교장도 순종적인 인물로 교체하기 시작했다. 차미리사는 친일파

인덕대학을 세운 박인덕(왼쪽)과 서울여대를 세운 고황경(오른쪽). 근대 여성 교육의 선구자인 동시에 친일반민족행위자였다.

인 송금선:105에게 교장직을 넘겨줄 수밖에 없었다.

'일제에 협력'하지 않은 사학 설립자

2009년 정부가 발표한 교육 부문 친일반민족행위자 22명 가운데 일제강점기에 근대 여성운동과 여성 교육의 선구자로 불리었던 사학 설립자들이 많다. 서울여대를 세운 고황경(1909~2000), 인덕대학을 세운 박인덕(1896~1980), 상명대를 세운 배상명(1906~1986), 성신여대를 세운 이숙종(1904~1985), 추계예술대학과 중앙

:105 송금선(1905~1987)은 해방 이후 덕성여자대학교 학장, 덕성학원 이사장 등을 역임한 교육자. 여성계 지도자로 떠오르며 일제의 식민정책 홍보에 앞장섰다. 신문·잡지에 일제 침략전쟁을 미화하고 여성의 전쟁 협력을 독려하는 글을 썼으며 활발한 강연을 펼친 '친일반민족행위자'다.

이화여대 초대 총장을 지낸 김활란(왼쪽)과 중앙여중고를 세운 황
신덕(오른쪽). 모두 친일반민족행위자이다.

여중고를 세운 황신덕(1898~1983) 등이 바로 그들이다.

특히 김활란:106은 이화여대의 '초대 총장의 신화'로 설립자 메
리 스크랜튼보다 훨씬 큰 지배력을 지닌 인사로 그 명단에 이름
을 올렸다. 특히 김활란은 대표적 여성 교육자로 차미리사와 견주
어지는 부분이 많다. 두 사람은 근대 여명기에 출생해 기독교인
으로 각각 세례명을 이름으로 쓰게 되었고, 미국 유학을 다녀와
여성 교육에 투신하여 덕성여자대학교와 이화여자대학교를 키워
냈지만, 두 사람의 삶은 1930년대 후반에 극명하게 엇갈렸다.

일제의 전시 동원 체제하에서 이화의 김활란은 일제에 협력하
면서 이화여전 교장에 취임했지만, 같은 시기에 근화여학교의 경

:106 김활란(1899~1970)은 조선임전보국단, 국민총력조선연맹 등 전시 동원을 위
    한 관제 조직에 빠짐없이 참여해 일제의 침략전쟁을 미화하고 징병제를 찬양
    하는 등 온갖 친일 부역 활동을 벌인 친일반민족행위자다.

영권을 잃은 차미리사는 일제에 협력하지 않고 울분을 삭이며 은거해야 했다. 해방 이후 김활란은 이승만과 손을 잡고 단독정부 수립 운동을 벌였지만, 차미리사는 남북협상을 주장하며 단독정부 수립에 반대한 김구 진영에 합류하였다. 해방 정국에서 단독정부 설립을 반대하고 김구와 김규식의 남북협상을 지지하는 성명서에 서명한 108인 중 유일한 여성이 차미리사였다. 일찍이 1907년에 의혈 투쟁을 주장한 바 있는 그는 해방 공간에서도 남북 분단을 반대한 유일한 여성으로 역사에 기록되었다.

여성들에게 '닫혀 있던 교육의 문'을 활짝 열어주다

1950년에 차미리사는 덕성여자초급대학(현재의 덕성여대)을 설립하였고, 그 뒤 가톨릭으로 개종하였다. 1955년 6월 1일, 차미리사는 "내게는 한 가지 한이 있다. 온전한 독립을 못 보고 죽는 것이 유한이다."라는 유언을 남기고 세상을 떠났다. 향년 76세였다. 1920~30년대 여성 운동·교육 운동, 민족운동을 이끈 지도자로 차미리사가 재조명된 것은 21세기 들어서였다. :107

20세기 초에 미국 유학을 다녀온 엘리트 여성으로서 차미리사는 얼마든지 기득권을 누리면서 살 수 있었다. 그러나 그는 여성

:107 2002년에 뒤늦게 차미리사에게 건국훈장 애족장이 추서되었다.

의 허영심이나 상류층의 전유물쯤으로 여겨졌던 여성 교육을 모든 여성에게 열어준 사람이었다. 그는 교육을 여성의 생존 문제라고 생각하고, 여성이 온전한 인격체로 평등하게 존중받을 수 있는 수단이라 믿었던 사람, 특히 남성의 종속에서 벗어난 여성의 경제적 독립을 위한 실업 교육을 중시한 교육자였다.

21

20대 의열단장,
'현상금 100만 원'의 사나이가 되다

의열단을 조직하고 의열단장이 된 21살 김원봉

7명의 청년들이 찍힌 이 단체 사진은 1920년 3월께 상하이 프랑스 조계에서 찍은 것으로 추정된다. 이 사진이 의열단원 정이소의 수형기록카드에 붙어 있는 까닭은 일제가 의열단 관련 정보를 갈무리하느라 그랬던 것 아닐까 싶다. 정이소가 맨 앞에 앉았고 나머지는 모두 섰는데, 맨 오른쪽의 중국옷을 입은 사람이 김원봉(1898~1958)이다. 그 전해인 1919년 가을에 21살의 나이로 의열단을 창립하고 의백이 되었으니 사진 속의 김원봉은 스물둘의 풋풋한 청년이다.

김원봉의 왼쪽부터 차례로 의열단원 곽재기, 강세우, 김기득, 이성우다. 곽재기가 27살, 김기득 21살, 이성우가 갓 20살. 의열단장 못지않게 젊고 패기만만한 청년들이다. 강세우 역시 20대일 가능

1920년, 22살 김원봉

상하이의 프랑스 조계에서 찍은 것으로 추정되는 의열단원의 단체 사진.

맨 오른쪽이 김원봉이다.

성이 크다.:108 맨 아래 오른쪽 모서리에 조그맣게 붙인 사진은 따로 오려서 붙인 듯한 25살 김익상:109이다. 사진 속 '7인의 의열 단원' 가운데 곽재기, 김기득, 이성우는 이 사진을 찍고 두어 달 후에 폭탄을 반입하려다 적발돼 검거되었다. 정이소와 강세우는 남아 있는 기록조차 거의 없고 서훈도 받지 못했다. 김익상은 1년 반 뒤인 1921년 8월에 조선총독부에 폭탄을 던져 일제의 간담을 서늘케 한 장본인이다.

'밀양 사람 김원봉', 더 강력한 항일투쟁 조직 '의열단' 창설

1919년 11월 9일 밤, 만주 길림성 파호문 밖 한 중국인의 집에 13명의 남자들이 모였다. 김원봉과 12명의 동지들이었다. 그들은 밤새워 논의한 끝에 이튿날 항일 비밀 결사 의열단(義烈團)을 조직 했다.

결사의 성격은 조직 후 만든 '공약 10조'의 1항 '정의(正義)의 사(事)를 맹렬(猛烈)히 실행한다'에서 유래한 단체명 '의열(義烈)'에 고스

:108 강세우는 1901년생이라는 기록도 있으나 확실치 않다.

:109 이들에게 추서된 서훈은 다음과 같다. 곽재기(1893~1952, 1963 · 독립장), 김 기득(1899~1933, 1991 · 애국장) 이성우(1900~1929, 1968 · 독립장), 김익상 (1895~1943, 1963 · 대통령장)

란히 담겨 있었다. :110

의열단의 창립 단원은 신흥무관학교 출신이 중심으로, 고문에 김대지와 황상규, 단원은 김원봉·윤세주·이성우·곽경·강세우·이종암·한봉근·한봉인·김상윤·신철휴·배동선·서상락·권준 등 13명이었다.

이들은 '공약 10조' 외에도 파괴해야 할 일제 기관 5개를 뜻하는 '5파괴':111와 '7가살':112을 정했다.

> "조선 총독 죽이기를 5~6명에 이르면 후계자가 되려는 자가 없을 것이고, 도쿄에 폭탄을 터뜨려 매년 2회 놀라게 하면 그들 스스로 조선을 포기하게 될 것이다."

:110 의열단의 '공약 10조'는 다음과 같다. 1. 정의의 사를 맹렬히 실행한다. / 2. 조선의 독립과 세계의 평등을 위하여 몸과 목숨을 희생하기로 한다. / 3. 충의의 기백과 희생의 정신이 확고한 자라야 단원으로 한다. / 4. 단의 뜻을 우선하고 단원의 뜻을 실행하는데 속히 한다. / 5. 의백(義伯) 한 사람을 선출하여 단체를 대표하게 한다. / 6. 언제 어디서든지 매월 일차씩 상황을 보고한다. / 7. 언제 어디서든지 모이도록 요청하면 꼭 응한다. / 8. 죽지 않고 살아 있어 단의 뜻을 이루도록 한다. / 9. 한 사람은 다수를 위하여, 다수는 한 사람을 위하여 헌신한다. / 10. 단의 뜻에 배반한 자는 척살한다.

:111 조선총독부, 동양주식회사, 매일신보사, 경찰서, 기타 중요 일제 기관.

:112 조선 총독과 이하 고관, 일본군 수뇌, 대만 총독과 대만 총독부 고관, 친일파 거물, 밀정, 반민족적 토호(土豪), 매국노 등.

의열단의 의열투쟁은 1920년 일제 고관 암살과 중요 관공서 폭파 목적의 제1차 암살 파괴 계획에 따라 밀양과 진영에 폭탄을 반입하려던 투쟁으로 시작되었다. 이 계획은 일제에 사전 탐지되어 실패하였지만, 이후 부산경찰서(1920, 박재혁 외), 종로경찰서 폭탄 투척 투쟁(1923, 김상옥) 등이 이어졌다. 김원봉은 1926년까지 상하이·베이징·톈진 등지에 의열단 거점을 두고 23차례의 크고 작은 대일 거사를 기획에서 실행까지 진두지휘하였다.

의열투쟁은 1924년 도쿄 궁성 앞 니주바시:113 폭탄 투척(김지섭), 1926년 나석주의 동양척식회사와 조선식산은행 폭탄 투척으로 계속되었다. 이후에도 제3차 폭탄 계획, 대구 부호 암살 계획, 베이징 밀정 암살 사건, 경북 의열단 사건 등 의열단이 계획하고 실행한 의거는 계속되었는데, 의열단의 항일투쟁은 민족 운동사에 매우 큰 영향을 끼쳤다.

김원봉에게 걸린 거액 100만 원의 현상금

김원봉이 주도하는 의열투쟁에 충격을 받은 일제는 거액의 현상금을 걸었다. 임시정부 주석 김구에게는 현상금 60만 원, 김원봉에게는 현상금 100만 원이 걸렸다. 오늘날의 화폐 가치로 따지

:113 니주바시(二重橋)는 일본 궁성으로 들어가는, 해자 위 길을 잇는 2개의 다리.

면 약 200~300억 원에 달하는 엄청난 금액이다. 그만큼 그가 벌인 6년여에 걸친 의열투쟁은 일제에 뼈아픈 것이었다. 그러나 단원들의 되돌릴 수 없는 희생을 수반한다는 활동의 한계를 인식하고 의열단은 여러 혁명 세력과의 협동전선을 모색하게 되었다.

1926년 이후, 의열단원들은 중국국민당 정부가 운영하던 황푸군관학교에 훈련생으로 입소하여 군사 정치교육을 받았다. 황푸군관학교 이력은 그가 항일투쟁을 이어가는 데 필요한 지원 세력을 중국군과 정부에 구축할 수 있게 해주었다.[114] 이때의 인연을 활용하여 김원봉은 중국국민당의 도움을 받아 조선혁명군사정치간부학교를 열어 3년간(1932~1935) 교장으로 있으면서 저항시인 이육사를 포함한 150여 명의 독립군 간부와 전사를 키워냈다.

1935년에 의열단은 효과적인 항일투쟁을 위한 국외 9개 독립운동 단체의 일대 통합체인 조선민족혁명당으로 개편되었고, 1937년에는 사회주의 계열의 독립운동 단체를 규합하여 조선민족전선연맹을 결성하였으며, 마침내 1938년 10월 10일에는 그 산하 군사조직으로 조선의용대를 창설했다.

그로부터 2년 뒤인 1940년에 조선의용대 창립 2주년 기념 선전영상 속 군복 차림의 조선의용대 대장 김원봉은 이제 마흔둘, 풍

:114 장제스(蔣介石) 국민당 주석이 황푸군관학교 교장, 뒷날 중화인민공화국 국무원 총리를 지낸 저우언라이(周恩來)가 정치부 주임이었고, 부총리를 지낸 린뱌오(林彪)는 동기생이었다.

찬노숙의 세월을 꿋꿋이 견뎌온 당당하고 자신감 충만한 투사의 모습이 역력하다. 1920년에 '7인의 의열단원 사진'을 찍고 오로지 조국의 독립을 위해 한시도 쉬지 않고 숨 가쁘게 달려온 20년 세월이었다.

김원봉은 망명지 중국에서 12개의 다른 이름:115 을 쓰는 '천의 얼굴'로 일제와 맞서 싸워 1920년대 이후 백범 김구와 더불어 중국 내 독립운동의 양대 산맥으로 일컬어진다.

환국해 좌우합작 추진, 좌익 활동 혐의로 노덕술에게 치욕 당해

1944년에 임정의 군무부장에 취임한 김원봉은 1945년 12월 임시정부 환국 2진으로 귀국하였다. 김원봉은 귀국 전에 발표된 여운형(1886~1947)의 조선인민공화국:116 내각의 군사부장으로 명단에 올랐으며, 귀국 후 환국한 임정에 계속 참여하면서 좌우합작

:115 김약산 · 최림 · 진국빈 · 이충 · 김세량 · 왕세덕 · 암일 · 왕석 · 윤봉 · 김국빈 · 진충 · 김약삼 등의 이름을 썼다.

:116 조선인민공화국은 여운형을 중심으로 발족한 조선건국준비위원회(건준)가 1945년 9월 6일 전국 국민대표자대회에서 그 성립을 결의한 정치조직. 건준의 중앙의결기관인 중앙인민위원회는 일본 제국주의의 남은 세력을 완전히 쫓아내고 자주독립을 방해하는 외세와 반민주주의적·반동적인 모든 세력에 대한 철저한 투쟁을 통하여 완전한 독립 국가를 건설하여 진정한 민주주의 사회를 실현하겠다고 선언하였다.

1940년 10월에 우한에서 찍은, 조선의용대 창립 2주년 기념 선전 영상 속 군복 차림의
조선의용대 대장 김원봉.

을 추진하였다. 1946년 6월에는 조선민족혁명당을 인민공화당으
로 개칭하고 연합전선 구축에 노력하였으나, 같은 해 10월께 좌익
활동 혐의로 악질 친일 경찰 노덕술:117에게 붙잡혀 가서 따귀를

:117 노덕술(1899~1968)은 1920년 순사가 된 이래 승진을 거듭하여 경시(경찰직
계급 중 최고 직급)에 오른 자로 독립운동가들에게 혹독한 고문을 일삼아 악
명이 높았다. 해방 뒤 수도경찰청 수사과장을 지내다가 1949년 '반민족행위
특별조사위원회'에 체포되었으나 이승만의 비호로 무죄 석방되었다. 헌병으
로 전직하여 육군본부 제1사단 헌병대장, 1954년 부산 제2 육군범죄수사단
대장을 지냈다. 2009년 친일반민족행위자로 결정되었다.

맞는 등 수모를 겪고 사흘 밤낮을 통곡했다고 한다.

30년 가까운 세월을 오직 조국 독립 일념으로 일제와 싸워온 투사인 그가 더러운 친일파인 노덕술에게 당한 모욕감과 치욕은 쉽게 삭일 수 없는 것이었다. 1947년 7월, 여운형의 암살 이후 '다음은 김원봉 차례'라는 소문도 돌았으며, 무엇보다도 정세가 그의 기대와 어긋나기 시작했다. 이승만은 '친미', 김구는 '반공 우파'의 정체성을 드러냈고, '남한 단독정부 수립'도 절대 받아들이기 어려운 상황이 전개되고 있었다.

남북협상 뒤 북에 잔류한 실용주의적 민족주의자

김원봉은 1948년 김규식 · 김구 등과 함께 남북협상(남북 제정당 사회단체 연석회의)에 참가한 뒤, 돌아오지 않았다. 그러나 김원봉은 독립운동을 위해서라면 좌우 세력 누구든 마다하지 않았을 만큼 유연한 민족주의자였다. 김원봉이 북에 남은 것은 북한 정권에 협력하겠다는 의지에 따른 것이라기보다는 어쩔 수 없는 선택이었다. 독립운동 연구자인 김영범 교수(대구대)는 이를 "강박된 북한행과 잔류"라고 표현했다.

1948년 9월 9일, 북한 정권이 수립된 뒤 김원봉은 굵직한 요직을 두루 거쳤지만 1958년 김일성에게 숙청되었다. 전언에 따르면 감옥에서 스스로 목숨을 끊었다고 한다. 김원봉의 무덤은 독립운동가들이 묻힌 평양 애국열사릉에도 없는 것으로 확인되었다. 남북 어디서도 독립을 위해 온몸을 바친 그의 풍찬노숙을 기억해주지 않은 것이다. 일제의 간담을 서늘케 했던 이 독립운동가의 이름은 남북 모두에서 잊힌 듯했지만, 2022년에 뒤늦게나마 김원봉 장군 기념사업회 '약산 김원봉과 함께'가 출범해 그를 새롭게 소환하고 있다.

김원봉은 첫 아내와 사별한 뒤, 1931년 독립운동가 김두봉 (1889~?)의 조카딸로 의열단원이었던 박차정(1910~1944)과 결혼했다. 걸출한 여성 독립운동가이기도 한 박차정은 1939년에 쿤룬산 전투 중에 입은 어깨 총상의 후유증으로 1944년 5월에 눈을 감았다. 향년 34세로, 너무 이른 죽음이었다. 박차정은 사회주의 계열에서 활동했고 남편도 월북하여 각료를 역임했기 때문에 공적을 평가받지 못하다가 1995년에야 건국훈장 독립장이 추서되었다. 아내에게 미친 뒤늦은 기림이 김원봉의 삶과 투쟁을 조금이나마 위로해줄 수 있을까.

단발머리의 '모던 걸', 또는 '코레예바'의 사랑과 혁명

모스크바에서 대학에 다니던 28살 주세죽

1929년 어느 날, 모스크바에서 젊은 부부가 아기를 안고 가족 사진 한 장을 찍었다. 남편 박헌영(1900~1956)은 국제레닌대학에, 부인 주세죽(1901~1953)은 동방노력자공산대학에 다니고 있는 학생 부부였다. 두 대학은 코민테른 : 118 이 운영하는, 세계 각국의 혁명 간부를 양성하는 고등교육기관이었다. 국제레닌대학은 코민테른 비서부가 직영하는 최상급 간부를 위한 학교였고 동방노력자공산대학은 식민지 약소민족을 위한 교육기관이었다.

:118 코민테른은 세계 각국 공산당 및 대표적 공산주의 단체의 연합체이자 지도 조직으로 공산주의 인터내셔널(Communist International)의 약칭이다. '제3 인터내셔널'로 불리기도 한다.

1929년, 28살 주세죽

모스크바에서 남편 박헌영과 어린 딸 영(비비안나)과
찍은 가족사진이다.

두 대학은 입학이 허용된 학생들에게 기숙사와 장학금, 의복과 음식 등을 제공했다. 코민테른이 제공한 정치 망명가들을 위한 집에서 생활비 지원을 받으며 양질의 교육을 받을 수 있음은 두 사람에 대한 코민테른의 신임이 두터움을 증명하는 것이었다.

그러나 사회주의의 조국에서 공부하고 있는 혁명가의 미래는 쉽게 점칠 수 없을 만큼 극적이었고, 곳곳에 위험과 시련이 도사리고 있었다. 남편과 함께 살면서 아이를 기르고 대학에 다니는 단란한 생활은 그리 길지 못했다. 주세죽은 1932년 당 재건을 위해 상하이로 갔고, 이듬해 남편이 체포된 뒤 소련으로 되돌아갔다. 그리고 이후의 삶은 그의 의지와는 무관하게 흘러갔다고 해도 지나치지 않다.

3·1운동 시위 기획자, 여성해방운동의 주역으로

주세죽은 1901년 함경남도 함흥의 중농(中農) 집안에서 태어나 관북 제일의 명문인 함흥 영생여학교 고등과에서 2년간 공부했다. 1919년 3·1운동 때 함흥에서 시위를 기획하다가 일제 경찰에 체포되어 1개월 동안 유치장에 갇혔다.

1921년 4월 중국 상하이로 가서 안정씨여학교에 입학하여 영어와 피아노를 배웠다. 그는 절대음감의 소유자로 음악에 비범한 재능을 지닌 이였다. 그러나 그는 거기서 허정숙을 만나 사회주의 이론을 학습하고 고려공산당 청년 조직 준비 모임에 참여했다.

1922년 5월 귀국한 뒤, 상하이의 이르쿠츠크파 고려공산청년회에서 함께 활동한 사회주의자 박헌영:119과 결혼하였다.

1924년 5월 허정숙:120 등과 함께 한국 최초의 사회주의 여성단체인 조선여성동우회를 발기하고 집행위원이 되었다. 조선여성동우회는 종래의 계몽적 여성 교육론을 비판, 지양하고 사회주의적인 여성해방론을 주장하였다. 선언문에서는 당시로서는 파격적인 내용을 담았다.

> "여자는 가정과 임금과 성의 노예가 될 뿐이오, 생활에 필요한 각 방면의 일을 힘껏 하여 사회에 공헌하였으나 횡포한 남성들이 여성에게 주는 보수는 교육을 거절하고 모성을 파괴할 뿐이다. 더욱이, 조선 여성은 그 위에 동양적 도덕의 질곡에서 울고 있다. 비인간적 생활에서 분기하여 굳세게 굳세게 결속하자."

1925년 8월에 그는 조선여성동우회 간부인 허정숙, 김조이와

:119 박헌영은 1920년 상하이로 건너가 이르쿠츠크파 고려공산당 상하이지부에 입당하였다. 1925년 그가 속한 화요회가 중심이 되어 고려공산청년회를 창설하였다. 1948년 9월 북한의 부수상 및 상에 취임하였으나 김일성에게 실권을 빼앗겼고, 1956년 미국의 첩자, 전복 음모 등의 죄목으로 처형되었다.

:120 허정숙(1902~1991)은 일제강점기 때, 근우회 중앙집행위원, 조선혁명군정학교 교육과장 등을 역임하였으며, 해방 이후 북한에서, 북조선인민위원회 선전부장, 조선민주여성동맹 중앙위원회 서기장 등을 지냈다.

함께 '단발'을 감행하였는데, 당시 단발은 여성해방을 상징하는 동시에 낡은 제도의 구속을 타파하는 의미로 받아들여졌다. 이어서 같은 달 잡지 「신여성」에 '나는 단발을 주장합니다'를 발표하는 등 여성의 주체성을 강조하는 강연이나 기고로 그는 여성해방운동의 주역으로 떠올랐다. 1927년 5월에는 김활란·박순천·박차정 등과 함께 여성 단체인 근우회(槿友會):121 결성에 참여했다.

조선공산당을 창립하고 중앙 후보위원이 되다

1925년 4월 17일, 경성에서 김재봉(1890~1944)을 책임 비서로 선임한 조선공산당(조공)이 창립되었고, 다음날, 사회주의 청년운동의 총지도기관 고려공산청년회(공청)가 조직되었다. 박헌영이 공청의 책임 비서로, 김단야(1901~1938)가 중앙위원으로, 주세죽은 중앙 후보위원으로 선임되었다.

1925년 연말, '제1차 조선공산당 사건(신의주 사건)'이 터지면서 박헌영과 주세죽을 비롯한 당원 100여 명이 체포되었고 신의주뿐 아니라 간도의 조공 근거지까지 털렸다. 주세죽은 증거 불충분으

:121 근우회는 1927년에 조직되었던 민족주의 계열 및 사회주의 계열 여성 운동가들을 망라한 식민지 시기 최대의 여성 단체다. 3·1운동 후 일제의 탄압으로 해체된 항일 여성 단체들이 1927년 신간회의 탄생을 계기로 통합적인 여성운동을 전개하고자 조직하였다.

로 석방되었으나, 이듬해 '제2차 조선공산당 검거 사건':122 관련자로 다시 체포되었다가 증거 불충분으로 풀려났다.

1928년 8월, 주세죽은 병보석으로 풀려난 박헌영과 함께 고향인 함흥으로 가서 요양하던 중 일경의 추적을 피해 소련으로 탈출하였으며, 함경선 기차에서 딸 영(影, 비비안나)을 출산하였다. 같은 해 11월, 모스크바에 도착한 주세죽 부부는 코민테른이 제공한 정치 망명가들을 위한 집에 들어갔고 이듬해에 각각 국제레닌대학과 동방노력자공산대학에 입학했다.

박헌영이 지어준 러시아 이름 '코레예바'로 비비안나를 기르며 공부하는 단란한 시간은 짧았다. 1932년 1월 그는 코민테른의 '조선공산당 재건' 준비 지령을 받고 4살이 된 딸을 모스크바 근처 이바노바에 있는 스타소바 육아원에 맡기고 박헌영과 함께 중국 상하이로 넘어갔다. 그들은 프랑스 조계에 보금자리를 마련하고 먼저 상하이에서 거점을 확보하고 있던 김단야로부터 잡지 「콤뮤니스트」:123 업무를 인수했다.

박헌영은 김단야와 함께 「콤뮤니스트」를 국내로 들여오고 이

:122 2차 조선공산당 사건은 1926년 6월 10일 마지막 황제 순종 장례식을 계기로 당시 공청의 책임 비서인 권오설의 주도하에 민중봉기를 계획하였는데, 이 계획이 사전에 발각되어 조선공산당의 100여 명의 당원이 체포된 사건이다.

:123 「콤뮤니스트」는 중국 상하이에서 김단야·박헌영 등 '화요파' 공산주의자들이 당 재건과 혁명적 노동조합운동을 위하여 발행한 회보이자 기관지다.

를 고리로 당 재건의 기반을 닦아, 국내에 20개 남짓한 비합법 조직을 유지했다. 1932년 4월 윤봉길의 홍커우공원 의거로 독립운동가에 대한 탄압이 거세지면서 '이두수'라는 가명을 쓰며 활동하였으나 1933년 김단야를 추적하던 일경에게 미행당하다가 7월 5일 상하이 부두에서 체포되어 서울로 압송됐다. 박헌영이 체포된 이후 국내의 모든 연결망이 무너졌다.

박헌영 체포 뒤, 김단야와 함께 모스크바로

주세죽은 일제의 추적을 피해 1934년 1월 24일 김단야와 함께 모스크바로 돌아왔고 같은 해 김단야와 결혼했다. 그 무렵 김단야는 조선공산당의 최고위급 지도자로 성장해 있었고, 1936년까지 동방노력자공산대학 한국학부장으로 근무했다.

동방노력자공산대학에서 5개월 남짓 공부한 뒤 외국 노동자 출판부에서 일하며 아들을 낳은 주세죽과 김단야는 지하운동 시절에 비하면 훨씬 안정된 생활을 할 수 있었다. 그것은 박헌영과 함께 딸을 안고 가족사진을 찍은 1929년에 비길 만한 단란한 시간이었다. 그러나 이번에도 봄날은 너무 짧았다. 1936년 8월 동방노력자공산대학 한국학부가 폐지되면서 김단야는 가족이 살던 관사를 비워달라는 독촉에 시달리기 시작했다.

그 무렵, 러시아 전역에서는 스탈린의 대대적인 숙청이 진행 중이었다. 1937~1938년 2년간 내무인민위원부 비밀경찰에 체포된 사람은 158만 명, 처형으로 목숨을 잃은 이는 68만 명이 넘는 공포의 시대였다. 숙청의 광풍은 러시아에 망명한 외국인 혁명가들도 비껴가지 않았다.

김단야는 내무인민위원부로부터 '인민의 적' 혐의를 받았다. 그가 '일제의 밀정'이 아니냐는 것으로, 단순히 동료로부터 의심받는 차원이 아니라 숙청을 담당하는 국가기관의 서슬 퍼런 추궁이었다. 김단야는 자신의 결백을 주장하고 이를 증명하기 위해 필사적인 노력을 기울였다. 코민테른 동방부의 임직원들도 구명에 나섰지만 역부족이었다. 그리고 1937년 9월, 언론인 출신의 사회주의자로 모스크바에 망명해 있던 이성태가 코민테른에 낸 의견서는 낭떠러지에 버티고 선 김단야를 떠밀어버렸다. 그는 김단야가 화요파 출신의 종파주의자이고 가까운 동료 중에는 밀정으로 전락한 자로 김찬, 조봉암, 박헌영, 김한, 고명자 등을 지목했다.

김단야의 처형 뒤 카자흐스탄으로 유배

그리고 1937년 11월 5일, 소련 내무인민위원부는 김단야를 전격 체포했다. 하루아침에 조선공산당 지도자에서 '일제의 밀정'으로 내몰린 것이다. 1938년 2월, 소련 최고 인민 재판소 군사 법정은 그에게 "일제 첩보기관의 밀정이며 반혁명 폭동과 반혁명 테러 활동을 목적으로 한 조직의 지도자로서 1급 범죄자"라고 판결하고 당일 바로 김단야를 처형했다.

비극은 김단야만으로 끝나지 않았다. 아내인 주세죽의 삶도 풍비박산났다. '제1급 범죄자'의 아내로 체포된 주세죽은 두 달여 심문 끝에 사회적 위험 분자로 지목돼 5년간 카자흐스탄 알마아타(지금의 알마티)로 유배됐다. 그는 유배지에서 피혁공장 개찰원과 협동조합에서 근무했다. 그는 1943년 5월 형이 만료된 후에도 유배지에 잔류하였다. 1946년 7월부터 카자흐스탄 크질오르다주 공업기업소에 있는 봉제 작업장에서 직공으로 일했다.

남편의 친구, 또는 친구의 아내와 결합은 동지들로부터 적잖은 비난을 받았지만, 주세죽은 박헌영의 체포 이후, 그의 생환을 기대하지 못했던 것으로 추정된다. 병보석으로 출옥한 박헌영이 1933년 다시 상하이에서 검거된 것을 그의 죽음으로 받아들인 것이다. 그는 조선공산당 재건 운동의 최고 수뇌부인 남편이 일경의 가혹한 심문을 견뎌내고 살아남을 수 있다고는 전혀 생각하지 않은 것이었다.

실제로 주세죽이 박헌영의 생존 사실을 알게 된 것은 1946년 「프라우다」 신문의 기사를 통해서였다. 주세죽은 18살이 된 비비안나에게 「프라우다」에 실린 기사를 오려 보냈다. 신문엔 '조선공산당 총비서 박헌영' 관련 기사가 있었는데 그는 '박헌영' 아래에 밑줄을 긋고 딸에게 그가 아버지라고 알려주었다.

1946년 주세죽은 크질오르다에서 스탈린에게 간절하고 절박한 청원서를 써서 보냈다. 청원서는 자신이 '조선공산당 중앙위원회 총비서 박헌영 동지의 처'라고 소개하면서 시작된다. 그는 남편 박헌영, 김단야와 함께 조선에서 비합법 활동에 종사하다 박헌영이 일제 경찰에 체포됐고, 김단야와 함께 일제의 추적을 피해 소련으로 망명했다고 밝힌다. 그리고 1937년 김단야가 체포됐고 자신도 카자흐스탄으로 5년간 추방되어 1943년에 유배 형기를 마쳤다고 썼다.

그리고 그는 지난 12년 동안 남편 박헌영이 어디에 있는지 전혀 알 수가 없었고, 올해 1월에 「프라우다」를 통해 남편이 살아 있으며 다시 혁명 활동에 종사하고 있음을 알게 되었다며, 자신이 진정 충실하게 일할 것이며 제 남편을 이전과 같이 보필할 것이라며 다시 혁명 활동에 종사하게끔 자신을 조선으로 파견해 달라고 간청했다. 만일 자신이 조선으로 가는 게 불가능하다면, 모스크바에서 살고 있는 딸 박비비안나를 양육할 수 있도록 허락해달라고 빌었다.

주세죽의 청원은, 공적인 삶이 모두 부정되는 숙청을 당함으로써 망명지 소련에서 사회주의자의 자격은 물론, 어머니의 권리조차 잃은 주세죽이 보내는, 사회주의자와 모권의 복권을 호소하는 마지막 요청이었다. 그러나 사회주의의 조국은 그의 요구 어느 하나도 받아들이지 않았다.

박헌영도 처형, 두 남자의 극적 생애

해방 후 북한에서 부수상과 외상을 지낸 박헌영은 1953년 3월 체포돼 1955년 재판에서 '미 제국주의 고용 간첩의 두목', '공화국 전복 기도' 혐의로 사형과 전 재산 몰수형을 선고받았다. 이듬해 7월, 그는 김일성의 긴급 처형 지시에 따라 약식으로 처형됐다. 일제냐, 미제냐가 달랐을 뿐 주세죽과 살았던 두 남편, 김단야와 박헌영은 각각 간첩 혐의로 극적 생애를 마쳤다.

카자흐스탄 크질오르다에서 방직공으로 일하며 살던 주세죽은 1953년 말 박헌영이 국가기밀 누설과 간첩 혐의로 체포되었다는 소식을 들었다. 그는 딸의 신변을 걱정하여 크질오르다에서 모스크바로 가던 도중에 폐렴에 걸려 모스크바 도착 직후에 사망했다. 향년 52세였다.

소련의 고르바초프 정권은 1989년에 주세죽을, 소련 해체 후 러시아연방은 2001년에 김단야를 복권했다. 한국 정부는 2005년 김단야에게 건국훈장 독립장을, 2007년에는 주세죽에게 애족장을 각각 추서했다. 1928년 주세죽과 박헌영이 일제의 추적을 피해 도피하던 함경선 기차 안에서 태어난 딸 비비안나는 2007년 부모의 나라에 와서 어머니의 훈장을 대리 수령했고 6년 후 세상을 떠났다. :124

사회주의 혁명과 민족 해방을 꿈꾼 젊은이들의 삶과 사랑은 모두 지독한 비극으로 끝났다. 주세죽이 사랑했던 두 남자, 김단야

:124 박비비안나는 러시아 이고르 모이세예프 국립민속무용단의 유일한 한인 무용수이자 소련 국립 민속무용학과 교수를 지냈다.

는 사회주의의 조국 소련에서, 박헌영은 한반도 북쪽에 수립한 사회주의 공화국에서 각각 적의 간첩으로 몰려서 처형됐다. 같은 사회주의자였지만 하나는 해방 전에 죽임을 당해 조국의 기림을 받았고, 하나는 스스로 한반도 북쪽을 선택했지만 남과 북에서 모두 잊힌 존재가 됐다.

주세죽이 복권되고 난 2년 뒤, 20세기가 끝나기 전에 그들이 혁명의 전범으로 따랐던 소비에트 연방도 무너졌다. 그리고 그들이 선택한 이념이 갈라놓은 남북의 대립과 갈등, 분단 80년의 현실 앞에서 주세죽이 박헌영과 함께 나누고 불살랐던 혁명의 열정은 그들의 낡은 가족사진 속에서 희미하게 바래어가고 있다.

'파수꾼'으로 임정과 함께한 부부, 분단 조국에서 '이산'의 비극까지

'동지 결혼'하여 항저우에서 독립운동을 하던 20대 연미당과 30대 엄항섭

얼핏 보면 평범한 가족사진이다. 남편은 서너 살쯤 돼 보이는 딸을 무릎 사이에 세우고, 부인은 갓난 아들을 무릎에 안고 있다. 그러나 부부가 누구인지 알게 되면 이 사진은 평범하게 볼 수 없게 된다. 남편은 엄항섭(1898~1962), 아내는 연미당(1908~1981). 임시정부에서 일한 독립운동가 부부다. 두 사람은 1927년에 혼인했는데, 남편이 부인보다 10살 위였다. 맏딸 기선은 1929년에, 맏아들 기동은 이태 후인 1931년에 모두 상하이에서 태어났다.

둘째 아들 기남이 1938년 피란지 난징에서 태어났으니 이 사진은 1931년에서 1938년 사이, 1933년이나 1934년쯤에 찍은 것일 수 있겠다. 이때라면 임정은 상하이를 떠나 항저우로 옮아갔을 때니, 엄항섭은 임정과 중국 정부 간의 연락 임무를 맡아 바빴고, 연미

1933년(추정), 25살 연미당과 35살 엄항섭 부부
항저우에서 맏딸 기선, 맏아들 기동과 함께 찍은 것으로 추정된다.

당은 이동녕과 이시영 등 임정 요인들 뒷바라지할 때다. 사진을 찍어야 할 만한 사정이 있었을까. 자녀 둘을 안고 사진을 찍으면서 부부는 모처럼의 단란한 시간이 벅찼을까.

임정이 중국에 머문 26년 동안 임정 인사들의 자녀들이 활동하다가 이른바 '동지 결혼(임정 식솔끼리 하는 혼인)'에 이른 경우는 20여 쌍이라고 한다. 그중에서 엄항섭과 연미당은 해방 뒤 낳은 막내까지 모두 2남 4녀를 둔 다복한 가정이었다. 독립운동에 아이까지 길러야 하는 고단한 세월이었지만, 아이들은 이들에게 다가올 해방처럼 희망이었을 것이다.

'임정의 파수꾼'으로 불린 엄항섭

엄항섭은 보성법률상업학교(뒤에 보성전문학교, 현 고려대)를 마치던 1919년 3·1운동에 가담했다가 중국의 상하이로 망명했다. 그가 상하이에 도착했을 때 임시정부가 세워져 있었고 거기서 운명적으로 김구를 만났다. 그는 그해 9월에 법무부 참사를 맡아 임정 활동을 시작하였다.

그러나 그는 아직 21살의 청년, 배움을 계속하고자 항저우의 지장(芝江)대학에 입학해 중국어·영어·프랑스어 등을 공부하였는데, 여기서 익힌 어학 실력은 이후 활동의 든든한 밑천이 되었다. 1922년 졸업하여 상하이로 돌아왔을 때, 임정의 상태는 말이 아니었다. 문만 열고 있었지, 내각도 구성하지 못한 채 김구와 이

동녕:125 등 몇몇 인사만이 임정을 지키고 있었다.

사람도 없었지만, 김구와 이동녕 등 인사들은 끼니조차 해결하지 못할 만큼 곤궁했다. 김구가 『백범일지』에서 "잠은 정청(政廳)에서 자고 밥은 직업 있는 동포들 집에서 얻어먹으며 지내니, 나는 거지 중의 상거지"였다고 회고할 정도로 궁핍했던 시기였다.

엄항섭은 프랑스 조계의 공무국에 취직하여 비교적 여유 있는 월급으로 임시정부를 지원했다. 임정 인사들의 끼니를 해결해주는 것은 물론이거니와 일본영사관에서 임정 인사를 체포하려는 사건을 탐지하고, 동포 중에 범죄자가 있을 때 편의를 제공했다. 이후 그는 김구 가까이서 드러나지 않지만 반드시 필요한 일을 도맡아 처리하면서 평생을 함께했다. 엄항섭은 22살 차이의 김구를, 그의 목숨이 다하는 날까지 스승 모시듯 보좌하는 최측근의 역할을 다했다. 그를 '임정의 파수꾼'이라고 부른 이유다.

김구의 충직한 보좌진, 자신을 드러내지 않는 실무자

엄항섭은 김구가 미주 교포에게 재정지원 요청 편지를 쓸 때도,

:125 이동녕(1869~1940)은 일제강점기 때, 신흥무관학교 소장, 한국국민당 이사 등을 역임한 교육자·정치인·독립운동가다. 임시정부 주석과 임시의정원 의장을 각각 세 차례씩이나 역임한 임정의 지킴이였다. 1940년, 급성폐렴으로 쓰촨성 치장에서 세상을 떠났다.

영어를 몰랐던 김구 대신 겉봉에 주소를 쓰는 일을 안공근과 함께 맡았다. 김구가 작성한 글을 번역하는 것도 그의 몫이었다. 김구는 1932년, 이봉창이 사형 선고를 받은 뒤 이봉창의 행적과 의거의 경과를 '동경작안지진상(東京炸案之眞相)'이란 제목으로 작성했다. 이 글을 중국어로 번역하여 중국의 「신강일보」와 「중앙일보」에 실은 것도 엄항섭이었다.

1932년, 윤봉길 의거 뒤 상하이를 떠나 자싱(嘉興)으로 피신해 있을 때 김구에게는 현상금 60만 원이 걸렸다. 엄항섭은 박찬익·안공근 등과 함께 피신처를 찾았고, 중국 측과 교섭하여 피신처를 마련하는 일을 도맡았다. 이듬해 봄, 장제스와 면담하여 독립운동 지원을 논의할 때도 김구를 수행한 것은 말할 것도 없다.

1932년 상하이를 떠난 이래, 항저우·전장(鎭江)·창사(長沙)·광저우(廣州)·류저우(柳州)·치장(綦江)을 거쳐 1940년 충칭(重慶)에 정착, 8년간의 유랑을 끝낸 임시정부는 전열을 가다듬고 대일항전 태세를 강화하는 데 나섰다.

엄항섭은 한국독립당 중앙집행위원이었고, 임시의정원의 의원과 주석 판공실 비서로도 활약했지만, 자신을 드러내기보다는 뒤에서 실무를 담당하면서 임무를 수행했다. 그는 공식적인 직책 외에도 막후교섭의 상당 부분을 담당하여, 중국과의 교섭은 물론이거니와 OSS와 공작 활동에도 역할을 다했다.

환국 후 김구 곁에서 반탁운동 주도, 남북협상 참여

1945년 11월 23일에 마흔일곱 장년이 된 엄항섭은 김구와 함께 임정 요인 1진으로 환국하였다. 해방정국에서도 김구 곁을 지키며 임시정부의 유지를 이어나갔다. 1946년 김구가 시작한 순국선열의 유해봉환에 주력했고, 한국독립당의 실무 책임자로 반탁운동을 주도했다.

엄항섭은 임정이 주도하는 독립운동 기념행사를 추진하다가 불법시위와 반탁운동을 주도했다는 이유로 수도경찰청에 구금되기도 했다. 징역형을 선고받았던 그는 청년단체들의 석방 요구에 집행유예와 벌금형을 받았는데, 그가 억울한 처분을 받았다고 여긴 천도교계는 기금을 모아 벌금을 대신 내주었다.

1948년 김구와 한국독립당 등 민족주의 진영은 분단과 전쟁을 막으려고 남북협상을 추진해, 엄항섭도 김구, 조소앙, 조완구와 함께 평양의 남북연석회의에 참석하고자 북으로 갔다. 그러나 회의는 결렬되었고 그해 8월과 9월에 남북이 각각 단독정부를 세웠다. 이듬해 6월 김구가 육군 소위 안두희의 흉탄에 스러지자, 엄항섭의 비탄은 깊고 컸다.

> …… 선생님! 선생님! 민족을 걱정하시던 선생님의 말씀을 저녁마다 듣자왔는데, 오늘 저녁부터는 뉘게 가서 이 말씀을 듣자오리까. 선생님! 선생님! 민족을 걱정하시던 선생님의 얼굴

을 아침마다 뵈었는데, 내일 아침부터는 어데 가서 그 얼굴을
뵈오리까. ……

- 엄항섭이 김구의 영전에 바친 추모사 중에서(1949. 6.)

그러나 아버지 같고 스승 같았던 지도자 김구를 잃은 슬픔이
채 가시기도 전에 한국전쟁이 터졌다 1950년 9월에 엄항섭은 북
한 보위부에 납북되었고 1962년 7월 30일에 심장병과 고혈압이
악화하여 북한에서 세상을 떠났다. 향년 64세.

일생을 겨레와 해방을 위해 진력한 임정의 파수꾼은, 분단으로
또 다른 이산가족이 되어 북녘땅에서 감기지 않는 눈을 감았다.

남편과 함께한 연미당의 길

엄항섭은 프랑스 공무국에 근무하던 시기에 임정 내부총장 이
동녕을 몇 년간 자기 집에서 모시고 지냈다. 엄항섭이 부인과 사
별하고 홀로 지내게 되자, 이전부터 가족 간 교분이 있던 연미당
을 중매한 이도 이동녕이었다. 간도 용정에서 애국지사 연병환의
딸로 태어난 연미당은 갓 스물, 엄항섭은 서른이었다. 두 사람은
1927년 3월 상하이 임정 청사에서 안창호와 김구의 주례로 결혼
식을 올렸다.

연미당은 혼인한 뒤, 남편뿐 아니라 임정 요인들을 뒷바라지했
는데, 특히 이동녕을 아버지처럼 모셨다. 자싱으로 피신했을 때

이동녕은 폐결핵을 앓고 있었는데, 연미당의 극진한 간호 덕분에 건강을 회복할 수 있었다. 1938년 창사에서 남목청 사건으로:126 김구가 총에 맞았을 때, 그를 구완한 이도 연미당이었다.

연미당·엄항섭 부부는 1928년 9월 재중국 한인청년동맹 상하이 지부가 결성되자 청년동맹과 청년여자동맹에서 각각 활동했다. 망명지에서 여성들이 독립운동의 주체로 나서기 시작한 것은 3·1운동과 임시정부 수립 이후부터였다. 여성들은 독립운동 자금을 확보하고 임정에서 발행한 각종 문서를 국내에 배포하여 임정의 활동을 알렸으며, 임정을 지원하고자 대한애국부인회를 결성했다.

1932년 1월, 일본군이 상하이를 침공하자 연미당은 중국군 19로군 부상 병사에게 위문품을 보내는 위문 활동을 벌였다. 1932년에 상하이 여자청년동맹 임시위원으로 선출되었고, 매년 8·29 국치일에 '국치 기념' 전단을 만들어 각 방면으로 배포하며 항일 민족의식을 높였다.

임시정부가 치장을 거쳐 중국국민당 정부의 임시수도 충칭에 닿은 것은 1940년 9월이다. 이때부터 광복될 때까지 머문 충칭은 상하이를 빼면 임정이 가장 오랜 기간 주재(駐在)한 도시다. 1940년 광복군이 창설됐고, 1941년 태평양전쟁이 일어나면서 급박하

:126 1938년 5월7일 중국 창사 조선혁명당 본부 남목청에서 조선혁명당원 이운환이 김구 등을 저격한 사건이다.

게 전개되어간 제2차 세계대전의 추이에 따라 충칭 임시정부도 본격적인 항일전쟁을 준비하기 시작했다.

1940년대 들면서 정파를 초월하여 임시정부를 지지하는 분위기가 조성되자, 여성들도 민족 통일전선 운동을 적극 추진했다. 연미당은 1940년 한국독립당이 통합 출범한 후 그 산하단체로 한국혁명여성동맹을 결성해 정정화, 최선화, 오광심 등과 함께 임정의 독립운동 지원과 교육활동 등에 힘썼다.

환국하여 가정 꾸렸지만, 전쟁 때 엄항섭은 납북

1945년 8월 15일, 마침내 일본이 항복하였고 조국은 광복되었다. 그해 11월 23일 임시정부 요인 1진으로 환국한 남편보다 6개월쯤 뒤인 1946년 5월에 연미당은 아이들을 데리고 이범석이 이끄는 광복군 제2지대 대원들과 함께 환국했다. 성북동 산꼭대기 별장에 거처를 마련해 해방된 조국에서 가정도 꾸렸다.

엄항섭은 환국해서도 변함없이 김구의 곁을 지키면서 신탁통치 반대운동과 미소공동위원회 반대운동을 전개했다. 1948년에는 김구와 함께 남북협상을 지지했으나 협상은 좌초되었다. 1949년 6월에는 김구가 안두희의 흉탄에 스러지면서 그 역시 정치적 위기를 맞았다.

연미당은 간도 용정 출신이라 친족의 원적지가 어디인지 몰랐다. 그래서 처음 자리 잡은 서울 중구 도동 1가 127의 29번지를 자신의 호적 출생지로 신고했고 1950년 5월 27일에야 서울 중구청에 혼인신고를 했다. 그리고 불과 한 달 뒤에 한국전쟁이 터졌다. 엄항섭은 가족을 고향으로 내려보내고 자신은 납북되었다.

남편이 납북되자 연미당은 '월북자' 가족으로 오해받아 오랫동안 힘든 시간을 보내야 했다. 경제적 어려움 속에서도 자녀들을 훌륭하게 길러낸 연미당은 질환으로 투병하다가 1981년 1월 1일 세상을 떠났다. 향년 73세였다.

'재북 인사'라는 이유로 오랫동안 평가조차 받지 못한 엄항섭에게는 납북 사실이 확인되면서 1989년에야 건국훈장 독립장이, 연미당에게는 1990년에 건국훈장 애국장이 추서되었다. 맏딸 엄기선(1929~2002)도 1993년 건국포장을 받았다. 이들 일가의 가족사는 망명지를 유랑하며 처절하게 독립투쟁을 이어가야 했던 임시정부와 함께한 고단한 삶과 치열한 투쟁의 역사이기도 했다.

24

창공을 날아올라
'일왕의 궁궐' 폭격을 꿈꾸다

중국 공군에서 선전 비행을 준비하던 34살 권기옥

1932년 1월 일본군이 상하이를 침공했다. 상하이사변이 일어난 것이었다. 한국 출신의 여성 비행사 권기옥(1901~1988)은 상하이로 날아가 기총소사로 거침없이 일본군을 공격했다.

그의 용감한 활약상을 들은 장제스의 부인 쑹메이링(宋美齡) 항공위원회 부위원장은 비행기가 무서워서 공군에 자원하지 않는 중국 청년들을 독려하고자 권기옥과 이월화의 선전 비행을 기획했다.

1935년, 중국 공군 비행사들이 장거리 비행 훈련을 담당할 이탈리아인 교관과 함께 찍은 사진은 그렇게 탄생했다. 교관 왼쪽의 안경을 낀 여성이 권기옥이고, 오른쪽의 여성은 중국 최초의 여성 비행사 이월화다.

1935년, 34살 권기옥
중국 공군에서 선전 비행을 준비하던 중에 상하이에서 찍은 사진이다.
왼쪽 두 번째가 권기옥이다.

복엽기로 진행할 선전 비행은 상하이에서 베이징까지 날아가는 화북선, 화남선, 그리고 동남아시아를 지나 일본 도쿄까지 날아가는 남양선으로 진행될 예정이었다. 권기옥은 일왕의 궁전에 폭탄을 쏟아부을 절호의 기회라고 여겨 잔뜩 들떴다.

미국에 주문한 비행기까지 도착했지만, 출발 예정일인 6월 28일에 일본군이 베이징 근처 펑타이(豊台)를 기습 점령하면서 아쉽게도 이 선전 비행은 무산되었다. 펑타이가 점령되자 베이징대학 학생들이 대대적인 항의 시위를 벌이며 공산당과 내전을 중지하고 통일된 항일 전선에 나서라고 요구했기 때문이었다.

미국인의 곡예비행에 꽂혀 시작된 소녀의 꿈

권기옥은 1917년 5월, 서울 여의도 비행장에서 미국인 비행사 스미스(Arthur R. Smith)가 아찔한 곡예비행을 선보이는 걸 지켜보면서 비행사의 꿈을 키우기 시작했었다. 이 비행을 지켜본 사람 가운데에는 권기옥과 동갑내기인, 우리나라 최초의 비행사로 알려진 안창남(1901~1930)도 있었다.

안창남은 1921년 일본에서 비행학교를 나와 비행사가 되었고, 권기옥은 1925년 중국에서 항공학교를 졸업하고 비행사가 되었다. 권기옥은 윈난(雲南) 육군항공학교 1기생 38명 중 유일한 여성이자, 남자들도 버텨내지 못할 만큼 혹독하다는 비행 훈련을 이겨내고 마침내 비행사가 되었다. 한국 최초의 여성 비행사였다. :127 권기옥과 박경원(1897~1933)을 두고 누가 최초 여성 비행사인지 논란이 있었지만, 박경원이 비행사가 된 건 1927년으로 권기옥보다 2년 뒤였다.

1917년 스미스의 곡예비행을 지켜본 관객 가운데 적잖은 소년 소녀들이 비행사를 동경하고 꿈꾸었겠지만, 권기옥과 안창남은 그 꿈을 이뤄냈다. 그리고 각각 중국으로 망명하여 대한민국임시정부와 교류하면서, 중국군 소속으로 항일 무장투쟁에 참여했다. 비행사를 꿈꾸기 시작하면서 권기옥은 늘 "비행사가 되면, 비행기를 타고 일본으로 날아가 일왕의 황거(皇居)를 폭파하겠다."라고 다짐했지만, 재정 상황이 열악하기 짝이 없는 임시정부로선 항공대 창설은 현실적으로 불가능하였으므로 중국군에 배속되어 활동할 수밖에 없었다.

만세 시위도 벌이고 독립공채도 팔던 똑순이

권기옥은 평양 출생인데, 숭의여학교 졸업반 때 3·1운동이 일어났다. 권기옥은 만세 시위에 참여하였다가 일경에게 붙잡혀 3

:127 대한민국의 공식 기록인 공군사관학교 공군박물관(충북 청주)의 자료실과 국가보훈처 자료집에서 권기옥을 한국 최초의 여성 비행사로 서술하고 있다. 또한 박경원은 1933년 일본 정부의 후원으로 일제의 만주국 건국 1주년 기념 '일만(日滿) 친선 황군 위문 일만 연락 비행'을 하다가 비행기 추락으로 사망함으로써 적잖은 친일 논란을 남겼다.

주 동안 평양경찰서 유치장에 구금되기도 했고, 그해 6월부터 7월까지 임시정부에서 파견되어 온 김순일·김재덕 등과 함께 독립운동 자금을 모금하고 독립공채:128를 팔아 임시정부로 보냈다. 그해 10월 1일 일제의 시정 기념일:129에 숭의여학교 학생의 만세 시위를 주도하다가 붙잡혀 3주일 구류처분을 받았다.

권기옥은 10월 30일에서 11월 4일까지 이어진 평양 시위에도 참여했다가 체포되어 3주 동안 각목으로 온몸을 얻어맞고 물고문까지 받으며 신문을 받았다. 고문 형사가 권기옥의 신문조서에 "이 계집은 지독하다. 죽어도 말을 않는다. 검찰에서 단단히 다루기를 희망한다."라는 쪽지를 붙여서 검찰에 송치할 만큼 그는 강골이었다.

1920년 8월 미국 국회의원과 그 가족으로 구성된 극동시찰단이 상하이를 거쳐 한국을 방문하게 되자, 임시정부에서는 이들에

:128 독립공채는 임시정부에서 독립운동을 효과적이고 능률적으로 수행하고 조국 광복을 달성하기 위해 발행한 군자금 모집의 공채. 이자는 연 100분의 5로 하고 공채 본금은 독립한 뒤 5개년부터 30년 이내에 수시로 상환하기로 하였다. 독립공채는 비밀 국내 행정조직을 통해 판매되어 군자금으로 쓰였는데, 미주 하와이 일대의 동포들이 가장 많이 소화한 것으로 알려져 있다.

:129 시정(始政) 기념일은 1910년 9월 29일에 제정된 칙령 '조선총독부 관제'의 부칙에 따라 "명치 43년(1910년) 10월 1일"을 기점으로 총독정치의 시작을 기념하는 날. 1915년부터 시정 기념일이 공식화되고, 이날을 총독부와 소속 관서의 휴무일로 지정했다.

게 한국 독립의 당위성과 일제 식민 통치의 야만성을 직접 호소하기로 하였다. 이에 광복군총영:130은 이들이 지나는 지역에서 대대적인 시위를 전개하기로 하였다.

임정의 명을 받은 오동진:131 총영장은 신의주·평양·선천·서울의 4개 지점에 정예 대원을 파견하여 미국 국회의원단이 지역을 통과할 때 일제 식민 통치 기관에 폭탄을 투척하도록 하였다. 평양을 담당한 대원이 안경신·장덕진·박태열·문일민 등이었는데, 이들로부터 도움을 요청받은 권기옥은 숭현소학교 지하실 석탄 창고에 숨어서 폭탄을 만들 수 있게 도왔다. 이들은 평안남도 경찰부에 폭탄을 던져 장벽 일부가 파괴되고 일본인 경관 2명이 폭사하였다.

1920년 중국으로 망명, 스물넷에 비행사가 되다

1920년 10월 중순에 권기옥은 중국으로 망명하기로 하고 숭현소학교 동창 최순덕을 비롯한 6명과 함께 평양을 떠나 발동기 없

:130 광복군총영(總營)은 1920년 서간도 안동현에서 조직된 대한민국 임시정부 군무부 산하의 지방사령부를 이른다.

:131 오동진(1889~1944)은 일제강점기 대한청년단연합회 교육부원, 광복군총영 총영장, 정의부 군사 부위원장 등을 역임한 독립운동가이다. 1962년 건국훈장 대한민국장이 추서되었다.

는 목선을 타고 멸치잡이 배에 숨어 상하이로 탈출했다. 11월 말께 상하이 임시정부 의정원 의장 손정도 목사 집에 도착하였다.

권기옥이 한국인 청년 3명과 함께 윈난 육군항공학교:132 1기생으로 입학한 때는 1923년 12월이었다. 그는 당시 육군 항공대 창설과 비행사 양성을 구상하고 있던 이시영(임정 재무총장)과 중국 혁명가 팡성타오(方聲濤)의 추천장과 비행사가 되겠다고 이역만리를 찾아온 조선 여인의 용기에 탄복한 윈난성장 탕지야오(唐繼堯)가 써준 편지 등에 힘입어 항공학교에 입학할 수 있었다. 1925년 2월에 졸업하고 비행 탑승 적성검사를 통과함으로써 권기옥은 24살에 비행사의 꿈을 이루었다.

당당한 비행사가 되어 상하이로 돌아왔지만, 재정 상황이 열악한 임정으로선 항공대 창설은 현실적으로 불가능하였다. 어쩔 수 없이 1926년 2월에 국민군 항공대로 국민군 제1항공대 비행사가 되었다. 4월에는 항공처 부비항원(副飛航員)으로 임명되고 군벌:133 펑위샹(馮玉祥)의 참모로 활동하던 유동열:134과 이상정(1896~1947)

:132 정식 명칭은 윈난 육군강무(講武)학교 항공 군사학부다.

:133 군벌(軍閥)은 1912년 청나라 멸망 이후, 군사력을 기반으로 전국 또는 지방 일부를 거점으로 하여 실질적으로 권력을 행사한 중국의 고급 군인과 그들의 병력을 이른다. 위안스카이(袁世凱), 장쭤린(張作霖)이 대표적이다.

:134 유동열(1879~1950)은 일제강점기 때, 상하이 임시정부 군무총장, 한국독립당 중앙집행위원 등을 역임한 군인·정치인·독립운동가로 한국전쟁 때 납북되었다. 1989년 건국훈장 대통령장 추서.

을 만났다.

그해 가을에 권기옥은 이상정과 결혼했다. 유동열의 주례로 올린 단출한 결혼식이었다. 대구 출신의 이상정은 '빼앗긴 들에도 봄은 오는가'의 시인 이상화의 형이자, 펑위샹의 서북 국민연합군에서 활약한 독립운동가였다. 11월에 두 사람은 베이징으로 옮겼고 이듬해 권기옥은 상하이로 옮아갔다. 권기옥은 국민혁명군 동로군(東路軍)이 상하이에 입성하자 동로군 항공사령관 류페이첸(劉沛泉) 장군을 찾아가 비행원으로 임명받았다. 이 시기에 그는 동로 항공사령부에서 최용덕:135과 함께 북벌 전쟁:136에 참전하였다.

앞의 사진이 탄생하는 계기가 된 1932년의 상하이사변 때도 비행기를 몰고 가서 일본군을 거침없는 공격했고, 이 공로로 중국 정부의 무공훈장을 받았다.

권기옥은 1936년 하반기 이상정과 함께 '일본 밀정'이라는 모함을 받아 체포되면서, 10여 년간 복무한 중국 군복을 벗었다. 당시까지 그의 비행 기록은 윈난 항공학교에서 300시간을 합하여 1,300시간이나 되었다. 1937년 3월 초 8개월의 수감 생활 끝에 두

:135 최용덕은 중국 육군군관학교와 바오딩(保定) 항공학교를 나와 중국군으로 근무하면서 광복군에 참여한 독립운동가다. 해방 이후 항공 기지 사령관, 공군본부 작전참모부장, 공군 참모총장 등을 역임하였다.

:136 북벌전쟁은 1926년부터 1928년까지 중국국민당이 중국 공산당과 협력하여 중국에 있던 군벌을 타도하기 위한 군사작전을 말한다.

사람은 무혐의로 풀려났다.

1938년 9월, 이상정과 함께 육군 참모학교 교수로 발령받아 충칭으로 가서 중국군 장교들에게 영어와 일어, 일본인 식별법과 일본인의 성격 등을 가르쳤다.

1943년 8월에는 중국 공군에서 활동하던 최용덕, 손기종 비행사 등과 함께 한국 비행대 편성과 작전계획을 구상했다. 한국인 비행사들이 미국과 중국에서 비행기를 지원받아서 직접 전투에 참여한다는 게 주요 내용이었지만, 일본이 예상보다 일찍 패망하는 바람에 계획은 무산되었다.

해방, 그리고 대한민국 공군의 어머니로

1945년, 권기옥이 망명한 지 25년 만에 광복이 되었다. 부부는 상하이로 가서 일제의 앞잡이로 몰려 재산을 빼앗기는 한인의 권익 보호 활동을 시작했다. 상하이 지역 한인의 귀환은 1945년 11월과 12월 임정 요인들의 귀환을 제외하면 1946년 3월부터 본격적으로 이뤄졌고, 대한민국 수립 이후인 1948년 말까지 3년여에 걸쳐 이뤄졌다. 1947년 8월 이상정이 모친 별세 전보를 받고 귀국하였는데, 그는 두 달 뒤 뇌내출혈(뇌일혈)로 사망하였다.

권기옥은 남북이 분단되어 두 개의 정부가 들어섰다는 소식을 들으면서 상하이에 머물러 있었다. 국공내전도 마무리가 되어가고 있었다. 중국은 공산당의 손아귀에 들어가기 시작했고 1949년

2월 인민 해방군이 양쯔강을 건너자, 권기옥은 타이완으로 피난하였다가 5월에 서울로 돌아왔다.

귀국 후 국회 국방위원회 전문위원이 된 권기옥은 '공군의 어머니'로 한국 공군 창설의 산파역을 다했다. 대한민국 정부는 1977년, 부부 독립운동가 권기옥과 이상정에게 각각 건국훈장 독립장을 수여하였다.

권기옥은 1988년 4월 19일 87세로 세상을 떠나 국립현충원 애국지사묘역에 안장되었다. '한국 최초의 여자 비행사', '중국 혁명 전선의 한국인 비행가' 등 여러 가지 수사로도 기리어지지만, 그의 삶의 고갱이는 '편견과 금기를 깬 여성'으로 '조국의 독립을 위해 하늘을 날았다'라는 점이다.

25

권문세가의 담대한 셋째딸, 임정의 밀사로 압록강을 여섯 번 건너다

난징에서 임시정부 안살림을 도맡은 35살 정정화

1935년 난징에서 찍은 사진 속 가족은 단출하다. 서른다섯 동 갑내기 정정화(1900~1991)·김의한(1900~1964) 부부와 어린 아들. 자동(1929~2022)이는 이제 겨우 여섯 살이니 당시로서는 한참 늦게 얻은 아들이다.

두 사람이 혼인한 것은 무려 25년 전인 1910년, 신랑 신부가 만 10살이 되던 해였다. 정정화의 조부가 생전에 손녀가 출가하는 걸 보겠다고 해서 당시로서도 어린 나이에 시집을 보낸 것이다. 정정화는 1919년에 딸을 낳았으나 낳자마자 잃고 말았다. 그리고 다시 자동을 얻는 데 꼭 10년이 걸린 것이다.

사돈을 맺은 두 집안은 쟁쟁한 권문세가였다. 정정화는 조부가 공조판서를, 아버지는 수원 유수와 경기도·충청도 관찰사

1935년, 35살 정정화와 김의한 부부
난징에서 6살 아들 김자동과 함께 찍은 가족사진이다.

를 지낸 명문에다 권세 있는 집안의 낭자였고, 시아버지는 농상
공부 대신과 경상도·충청도 관찰사를 지낸 동농(東農) 김가진
(1846~1922)이었다.

1919년 3·1운동에 이어 중국 상하이에서는 임시정부가 수립되
었다. 그해 10월, 정정화는 어느 날 남편과 시아버지가 비밀리에
상하이로 망명한 사실을 알았다. 그것은 그에게 적지 않은 충격이
었을 것이다. 김가진은 일제의 강제 병합 뒤에 일왕으로부터 남작
작위까지 받은 이였는데, 그가 비밀리에, 임정에 참여하려고 망명
을 감행한 것이고 아들까지 데려가면서 며느리에게는 비밀로 한
것이다. :137

내로라하는 권문세가에서 태어나 같은 계급의 집안으로 시집
간 정정화에게는 쉬 받아들이기 어려운 상황이었으나, 1920년에
그도 상하이로 망명하는 길을 선택했다. 그리고 15년, 그는 임정
의 안살림을 도맡았으며, 임정의 재정을 지원하기 위하여 1930년
까지 10여 년간 6회에 걸쳐 국내로 밀파되었던 '특파원'이었다. 정
정화는 일제의 삼엄한 경계 속에 상하이 임정과 국내의 비밀 연
락을 담대하게 수행해냈다.

사진 속 35살의 정정화는 여전히 앳된 티가 가시지 않은 새댁

:137 독립운동가 김가진이 아직도 서훈을 받지 못한 것은 그가 일제의 작위를 받
았다는 사실 때문이다. 그러나 그가 상하이에 망명했을 때 임시정부 요인 중
아무도 김가진이 작위를 받은 것을 탓하지 않았다.

같다. 그는 조혼으로 근대교육의 혜택을 받지 못해 신여성에게는 다소 비우호적이었지만, 임정에서 활동하며 여성 지식인들과의 교류를 넓히고 우정을 나누면서 정치적 참여에 점차 적극적인 태도를 가지게 된 이였다. 그런 뜻에서 임시정부와 함께하며 중국 땅에서 보낸 그의 26년은 전통적 역할에 머문 여성이 새로운 사회적 존재로 성장하는 시간이기도 했다.

권문세가의 딸, 상하이로 망명하다

정정화는 1900년 8월 3일 정주영의 2남 4녀 중 셋째딸로 서울에서 태어났다. 충남 예산의 양반가 출신인 아버지는 딸을 공부시키지 않았으나 그는 어려서부터 오빠의 어깨너머로 천자문, 소학 등을 스스로 익힌 총명한 소녀였다. 시아버지 김가진은 애국 계몽 운동가로 독립협회에 참가하였고, 1908년 대한협회 회장으로 '한일합방'을 주장하는 일진회와 맞서 싸운 이였는데도 작위를 받은 72인에 포함됐다. 작위는 강제 병합의 공이 큰 사람들만 준 게 아니라, 대한제국 황실의 주요 인물들과 대한제국 대신으로 품계가 1품에 이르렀던 사람들을 포함했는데, 김가진은 그 조건에 해당되는 인물이었기 때문이다.

만 10살에 개화파 집안에 시집을 간 정정화는 동갑내기 남편을 통해 세상 물정에 눈뜨기 시작했다. 남편 김의한은 제1차 세계 대전의 종전을 이야기해주었고, 전쟁이 끝난 뒤에 독립한 나라들과 우리나라의 독립에 관한 이야기를 들려주었다. 그는 남편을 통해 국제정세를 어렴풋이 이해했고, 민족의식에 눈 뜰 수 있었다.

시아버지와 남편의 망명이라는 전혀 예기치 않은 현실에 맞닥뜨리면서 정정화는 "시댁에 남아 있기보다는 시아버님 곁에서 시중을 들어드리는 것이 나을 것" 같다고 생각하고 상하이 망명길에 올랐다. 20살의 정정화는 압록강을 건너 펑톈(奉天), 산하이관(山海關), 톈진, 난징을 거쳐 1920년 1월 중순 상하이에 닿았다.

'시부 시중' 들겠다며 망명한 며느리, 특파원 임무도 수행했다

망명 당시 이미 일흔이 넘은 시아버지를 모시는 게 주된 생활이었지만, 그는 이시영(1869~1953), 이동녕(1869~1940), 안창호(1878~1938), 신규식(1879~1922) 같은 임정 요인들도 가까이서 뵈면서 지냈다. 정정화는 망명할 때 가졌던 막연한 기대와는 달리 홀몸으로 지내는 임정 요인이나, 임정의 살림살이를 목격하고 낙담해 마지않았다. 정정화는 "당돌하기 그지없는" 기질이 살아나 "국내에 들어가 돈을 구해오면 어떨까"(회고록 『장강일기』, 이하 같음) 생각하고, 이를 조심스럽게 추진하려고 한 이유였다.

그가 스스로 "나는 비교적 겁이 없고 강단이 있는 편"이라 했듯, 그는 매우 담대한 여인이었다. 임정 요인 조완구(1880~?)는 "조자룡의 일신(一身)이 전부 담(膽), 정정화의 일신이 모두 담"이라고 했을 만큼 그는 당찬 사람이었다. 그는 임정 법무총장 신규식과 시부 김가진의 지시에 따라 독립운동 자금을 조달하기 위해 1920년 3월 초순 상하이에서 출발하여 귀국길에 올랐다.

정정화의 임무는 '특파원'이 수행하는 일이었다. 임정은 수립 직후부터 '연통제(聯通制)'와 교통국(交通局):138을 설치해 국내와의 연락 체제를 구축했다. 이를 유지 운영하기 위하여 임정은 국내에 '특파원'을 파견했다. 특파원은 연통부 설치·선전·시위 운동·정황 시찰·유력 인사의 탈출 등과 함께 독립운동 자금을 모집하는 임무도 수행했다.

정정화는 자신의 임무를 특파원이라고 기술하지는 않았지만, 그가 수행한 임무는 특파원의 그것이었다. 정정화의 제1차 귀국길의 노선을 보자. 정정화는 이륭양행:139의 배편을 이용하여 안둥(安東):140으로 가서 거기 연락 업무를 맡은 최석순을 만나 그

:138 연통제는 내무부에서 관할하는 행정조직망으로 국내의 도는 독판(督辦), 부는 부장(府長), 군은 군감(郡監), 면은 면감(面監)을 책임자로 임명하였다. 교통부 산하에 설치한 교통국은 임시정부와 국내를 연결하는 교통·통신망이었다. 둘 다 임시정부의 독립운동 자금 수합을 맡았다.

:139 이륭양행(洋行)은 영국 국적의 아일랜드인 쇼(Show, G. L.)가 경영하던 무역회사 겸 중국의 태고선복공사 대리점이다. 쇼는 사무국 사무실을 빌려주는 한편, 독립운동가를 숨겨주고 상하이로 오가는 선편을 제공하고, 자기 이름으로 우편물의 왕래를 담당하였을 뿐 아니라 무기 수입의 편의까지 제공했는데, 1920년 7월 일제에 검거되어 영국과 일본의 외교 문제로 비화하기도 했다. 쇼에게는 1963년 건국훈장 독립장이 추서되었다.

:140 중국 랴오닝성 동남부 압록강 강변에 있는 국경도시. 지금의 단둥(丹東).

의 안내로 압록강 철교를 건너 신의주로 들어갔다. 비밀 연락소인 〈이세창양복점〉을 찾아가 이세창의 편의를 제공받아 서울에 도착하고, 서울의 의사 신필호(신규식의 조카)를 찾아갔다. 정정화가 밟은 과정은 특파원들이 이용하는 노선과 방법을 충실히 따른 것이었다.

1차 임무를 무사히 치러낸 뒤 정정화는 1920년대에 모두 여섯 차례에 걸쳐 국내를 다녀갔다. 1922년 6월, 세 번째 잠행에서 신의주에 들어오다 일경에게 체포되어 서울에 압송되어 곤욕을 치르다 풀려났다. 시아버지 김가진이 세상을 떠난 건 그 직후였다. 정정화는 시부의 상을 치른다며 다시 상하이로 들어갔다. 1929년 7월, 마지막 여섯 번째 방문 때 1년 반을 머물다가 1931년에 돌아가면서 그는 독립될 때까지 돌아가지 않겠다고 결심하였다.

국내 다녀온 것 외엔 임정을 떠나지 않았던 '임정의 살림꾼'

정정화는 1920년 1월 상하이에 망명한 이래, 여섯 차례 국내에 다녀온 것 외엔 임시정부를 벗어나지 않았다. 그는 특파원 임무를 수행한 것 말고는 어떤 공식적인 직책도 맡지 않았다. 그러나 임정에서 그의 역할은 임정 요인들의 뒷바라지였다. 1923년 국민대표회의 이후 독립운동 세력이 분열하고 대립하면서 임정의 위상은 크게 떨어졌고, 재정 상황도 최악이었다. 1920년대 중반 이후 임정을 지킨 이는 이동녕·이시영·조완구·안창호·김구 등

비교적 연로한 이들이었다. 임정은 가난했고, 혼자 지내는 이들은 끼니를 잇는 일도 쉽지 않았다.

지도급 인사들이 외면하면서 정부 조각(組閣)조차 불가능한 형편이었는데, 이를 극복하고자 1926년 말 국무령에 취임한 김구가 집단지도체제 형태인 국무위원제로 헌법을 개정하여 근근이 임정을 유지하는 상황이었다. 이처럼 힘든 시기에 정정화는 임정 요인들의 수발을 들기에 여념이 없었다. 그는 『장강일기』에서 김구도 가끔 "후동(자동이의 첫 이름) 어머니, 나 밥 좀 해줄라우?" 하면서 찾아오곤 하였다고 회고하였다.

김구가 『백범일지』에서 자신을 일러 "거지 중의 상거지"라고 하던 시절이다. 잠은 청사에서 자고 밥은 직업 있는 동포들 집에서 얻어먹으며 지내던 시기인데, 김구는 김의한이 자신에게 "더없이 친절하게 대해준 동지"라고 말하는데, 이는 정정화의 뒷바라지를 포함하는 것이었다.

정정화는 윤봉길 의거 이후 임정이 1932년 상하이를 떠나 항저우 → 전장 → 창사 → 광저우 → 류저우 → 구이양 → 치장 → 충칭에 이르는 험난한 대장정을 함께했다. 가난한 망명정부가 망명지에서 난리를 피해 떠도는 과정은, 끼니도 끼니려니와 일제의 무차별 공습에 목숨을 내맡겨야 하는 고난의 시간이었다. 거기다 임정 인사들의 가족까지 100여 명에 이르는 식구가 움직이니 끼니를 챙기고 이슬을 피하는 것조차 쉽지 않은 처지였다.

정정화는 상하이를 떠나 항저우로 갈 때부터 이 장정 길에 동행하여 자싱에서는 매만가에서 임정의 어른들을 모셨고, 난징에서는 김구의 어머니를 모시기도 했다.[141] 김의한의 직장을 따라 장시성(江西省)에서 살던 4년간을 빼고 정정화는 1938년에 창사에 있던 임정에 재합류해서 임정의 안살림을 도맡았다.

고단한 망명과 유랑의 여정, 전통 부인으로 임정에 참여

임정이 광저우를 거쳐 류저우에 이르는 수로로 이동할 때도 고생이 심했는데, 이때의 정황을 정정화는 "강물 위에 뜬 망명정부"라고 이르기도 했다. 다시 구이양과 치장을 거쳐 충칭에 이르는 피난길에서 정정화는 임정의 연로한 국무위원들을 모시는 데 여념이 없었다.

그러나 망명의 삶은 이어졌고, 1940년 3월 13일, 치장에서 임정 이동녕 주석이 급성폐렴으로 숨을 거두었다. 1910년 서간도로 망명한 지 서른 해, 임시정부 수립 이후 풍찬노숙한 세월 스물한 해, 그는 마지막 일곱 번째 임정 수반을 맡고 있었다. 71살, 광복을 맞이할 수 있는 다섯 해의 수명이 그에게는 허락되지 않았다. 정정화는 "7살 아래의 백범이 선생님 대우를 깍듯이 했던 분"(『장강일기』)이라고 했던 이동녕이 자신을 친딸처럼 여겼으며, 엄항섭의

:141 당시 임정은 청사는 항저우에 두고 요인들은 자싱 매만가에 거주했다. 1935년 전장으로 청사를 옮겼을 때도 요인들은 가까운 난징에 살았다.

부인 연미당과 같이 그를 아버님 모시듯 하였다고 고백했다.

1920년 1월 중순 상하이에 닿았을 때 정정화는 여성을 '내조자'로만 여기고 고령의 시부와 남편을 도우려고 온 전통적인 여성관을 가진 주부였다. 근대교육을 받지 못한 그는 상하이의 각종 단체에서 활동하는 교육받은 신여성을 부정적으로 바라보고 있었고, 이는 임정 인사들의 아내나 며느리의 신분으로 중국에 살고 있는 여성들의 인식과 다르지 않았다. 그들은 지식과 미모를 갖춘 '여학생 출신'의 신여성들을 신랄하게 비판했고 때로는 혐오에 가까운 시선으로 바라보기도 했다.

그러나 정정화는 상하이에서 "향학열에 도움을 줄 수 있는 선배가 여러 분" 있어서 학식을 쌓을 수 있었고, 다양한 경험과 신문·잡지를 통하여 급변하는 국제정세를 내다보는 능력을 기르며 자신에게 부여된 사명을 체득하기에 이르렀다. 그는 임정의 자금을 조달하고 안살림을 돌보는 '임정의 종부' 역할을 다하는 과정에서 자신의 존재감을 확인했다.

해방과 환국, 단독정부 반대 남북협상 지지……, 남편은 납북

충칭에서 해방을 맞이한 정정화는 임정 요인들이 두 차례에 걸쳐 환국한 뒤, 거주지에 남아 임정 가족들의 귀국 준비와 뒤처리를 마치고 1946년 1월에 상하이로 가서 5월에 미군 수송선(LST)을 타고 조국 땅을 밟았다.

환국한 뒤, 정정화는 김의한과 함께 한국독립당의 김구와 좌우 통합을 지향하는 그의 노선을 지지하고 따랐다. 김의한은 단독정부 수립에 반대하여 1948년 김구의 남북협상 길에 동행했지만, 협상은 실패로 돌아갔다. 임정 출신들은 대부분 단정에 반대하고 참여하지 않았지만, 끝까지 단정을 반대했던 이시영만이 단정에 참여하여 부통령으로 선출되었다.

이시영은 정정화에게 도지사급의 감찰위원(현재의 감사위원) 직을 권했지만, 그는 이시영이 "실권이라고는 거의 없는 부통령직에 취임하는 데 동의하는 대신", "감찰위원회의 구성을 자신에게 맡긴 것을 요청했던 듯 싶다."면서도 이를 물리쳤다. "반쪽짜리 정부에 들어가 일을 한다면 그것은 민족적인 죄를 범하는 짓"이라고 여겼기 때문이다. 정정화는 단정에서 정치권력을 얻는 대신, 임시정부의 정통성을 지키는 쪽을 선택한 것이었다.

이후 정정화의 삶은 쉽지 않았다. 남편 김의한은 1950년 한국전쟁 때 납북되었다가 1964년 평양에서 사망했다. 정정화는 1982년 건국훈장 5등급에 해당하는 애족장을 받았다. 과연 애족장이 그가 민족해방투쟁 과정에서 보여준 헌신에 걸맞은 평가인지는 의문이다.

임정과 함께한 회고록 『장강일기』

정정화가 임정과 함께하며 조국에 헌신한 자신의 인생 역정을 기록한 회고록 『녹두꽃』을 펴낸 게 1987년 2월이다. 그는 서문에서 "내가 임시 망명정부에 가담해서 항일 투사들과 생사존몰(存沒)을 같이 할 수 있었던 것은 순전히 나의 사사로운 일에서 비롯되었다. 다만 민족을 대표하는 임시정부가 내게 할 일을 주었고, 내가 맡은 일을 했을 뿐이다."라고 겸허하고 담담하게 회고했다. 그가 세상을 떠난 뒤 1998년에는 『녹두꽃』을 보완한 『장강일기(長江日記)』가 출판되었다.

『장강일기』는 임시정부 초기에 운영한 연통제를 밝히는 중요한 단서를 제공하고, 윤봉길 의거 후 상하이를 떠나 충칭에 이르는 8년간 대장정의 실상을 복원하는 데도 도움이 되고 있다. 특히 책 속에 날것으로 드러난, 어려운 상황에서도 독립운동에 헌신했던 독립운동가의 생활사는 그들의 숭고한 인생 역정을 되짚는 귀중한 '문화유산'으로 평가된다.

1990년 정부는 납북되어 사망한 김의한에게 건국훈장 3등급에 해당하는 독립장을 추서하였다. 이듬해인 1991년 11월 2일 정정화는 91세를 일기로 세상을 떠나 국립대전현충원 애국지사묘역에 묻혔다. 20살에 고국을 떠나 임시정부와 함께 한 25년의 헌신에도 불구하고 정정화는 뒤이은 분단으로 말미암아 남편과 이산가족이 되었고, 그와 함께한 시간보다 더 긴 세월을 외롭게 살다가 떠났다. 사진 속의 영특하고 야무진 여인을 바라보며 이 땅의 고단한 근대사를 겨워하지 않을 수 없는 이유다.

26

그해 여름,
'돌베개'를 베겠노라 다짐하다

삼천리를 걸어 임정에 합류하고 광복군이 된 27살 장준하

일본군으로 징집되어 중국에 주둔하다가 탈출하여 임시정부를 찾아 수천 리를 걸어간 한 무리의 젊은이들이 있다. 이들은 임정의 뜨거운 환영을 받고 광복군으로 편입되어, OSS가 주관하는 특별 군사훈련을 받고 국내에 특파되었으나 작전 중지 명령으로 되돌아가야 했다.

사진의 세 청년은 왼쪽부터 노능서(1923~2014), 김준엽(1920~2011), 장준하(1918~1975). 이들은 모두 일본군에서 탈출하여 한광반:142에 입대해 같이 군사훈련을 받았다.

:142 중국의 중국중앙군관학교 린취안(臨泉) 분교 한국광복군 간부훈련반.

1945년, 27살 장준하

OSS 군사훈련을 받을 당시에 광복군 제2지대 본부에서 찍은 사진.
왼쪽이 노능서, 가운데가 김준엽, 오른쪽이 장준하다.

사진을 찍은 곳은 산시성(陝西省) 시안(西安) 외곽 두취(杜曲)에 있는 광복군 제2지대 본부로 보인다. 1945년 8월 OSS 훈련을 받을 당시라고 하는데, 장준하가 스물일곱, 김준엽은 스물다섯, 제일 어린 노능서는 스물둘이다. 본부에 도착해 바로 야전용 침대와 모포, 미제 군복을 지급받았다. 사진은 지급받은 미제 군복 차림이다.

가장 먼저 일본군에서 탈출한 이는 김준엽이었는데, 그는 게이오(慶應)대학 재학 중 징집되어 평양을 거쳐 중국 쉬저우(徐州) 지역의 쓰카다(塚田) 부대에 배속되었다. 1944년 3월 29일, 그는 실패 시의 자결용 수류탄이 든 배낭을 메고 새벽에 내무반을 빠져나와 병영을 둘러싼 성벽을 넘었다. 운 좋게도 탈출 4시간 만에 중국 국민정부 중앙군 소속의 유격대원을 만나 성공한 '탈출 학병 1호'가 되었다.

장준하는 도쿄의 일본신학교에서 수학하던 중 학병으로 징집되어 김준엽과 같은 쓰카다 부대에 배속되었다. 그는 이미 소속 부대에서 탈출한 학병 소식을 들어 알고 있었다. 7월 7일, 동료 학병 3명과 함께 철조망을 넘은 장준하 일행은 무턱대고 길을 재촉하다가 운 좋게 중국 중앙군 유격대를 만나 그 본부에서 김준엽을 만나게 된다. 이 만남 이후 장준하와 김준엽은 평생의 지기가 된다.

탈출을 감행하기 전 장준하는 아내에게 엽서를 썼다. 결혼 2주일 만에 아내를 떠나오면서 그는 아내에게 일군을 탈출하게 되면

야곱의 '돌베개': 143 이야기를 쓰겠다고 약속하였다. "나의 형제 곧 골육의 친척을 위하여 내 자신이 저주를 받아 그리스도에게서 끊어질지라도 원하는 바로다"(로마서 9장 3절)로 시작하는 엽서의 끝마디는 "앞으로 베어야 할 야곱의 '돌베개'는 나를 더욱 유쾌하게 해줄 것이다."라는 다짐이었다.

충칭으로 가는 탈출 학병들의 대장정

7월 28일, 장준하 일행과 김준엽은 충칭의 임시정부를 향해 출발했다. 적어도 일본군에서 탈출한 한인 청년들에게 임정은 반드시 닿지 않으면 안 되는 열망의 공간이었다. 한 달 보름쯤 뒤인 9월 10일, 이들은 중국중앙군관학교 분교가 있는 린취안(臨泉)에 도착해 한광반에 입대했다. 한광반에서 장준하와 김준엽은 일본 주오(中央)대학을 중퇴한 탈출 학병 노능서를 만났다. 그도 쉬저우의 일본군 부대에서 탈출해 석 달 전 린취안에 도착, 한광반에 입대해 훈련받고 있었다.

매일 중국 국기 게양식과 하기식에 참가하고 맨손 교련에 그치

:143 장준하의 광복군 회고록 『돌베개』는 1971년 그가 「사상계」를 펴내던 사상사에서 처음 나온 이후 여러 차례 재출간됐다. 『돌베개』는 이범석 장군의 『우등불』, 김준엽 전 고려대 총장의 『장정』과 함께 광복군의 회고록 중 뛰어난 작품으로 꼽혀왔는데, 내부자지만 냉철한 시각으로 임시정부 등을 서술하고 있다. 이 글은 돌베개 출판사에서 2015년에 간행한 전면 개정판을 참고했다.

는 한광반의 일과는 사격 연습 등 훈련을 시행하는 중국군에 비기면 밋밋하기만 했다. 이에 장준하와 김준엽 등 대원들이 강사가 되어 강좌를 열었고, 이를 책으로 매어보기로 했다. 등사 시설도 없어서 붓으로 써서 맨 잡지 「등불」을 2호까지 펴냈다. 2호엔 노능서의 탈출 경로를 희곡으로 구성하여 게재하였다.

3개월여의 훈련을 마치고 대원들은 중국군 육군 준위로 임관했다. 1944년 11월 30일 일행 53명은 잔류 대원 13명과 인사를 나누고 충칭으로 출발했다. 이들은 2개월간 혹한과 굶주림과 사투를 벌이며 무려 3천 리(약 1,178킬로미터)를 걸어 1945년 1월 30일 충칭의 대한민국임시정부에 도착했다.

임시정부에서 만난 회의와 독수리 작전을 준비하는 OSS 훈련

막연한 기대를 품고 힘겹게 달려왔으나, 임정은 그들의 기대를 충족해주지는 못했다. 환영회는 이들을 맞는 김구 등 임정 요인들과 대원들이 함께 흘리는 눈물로 바다를 이루었지만, 날이 갈수록 이들의 회의와 번뇌는 커지기만 했다.

광복군이 창설되어 있었지만 제대로 된 훈련도 할 형편이 아니었고, 임정의 분파적 상황 앞에서 장준하를 비롯한 대원들은 좌절했다. "셋집을 얻어 정부 청사로 쓰고 있는 형편에 그 정파는 의자 수효보다 많아" 암암리에 벌이는 정파적 갈등 앞에 장준하가 충칭의 교포들이 모이는 모임에서 "임정 청사에 폭탄을 던지고 싶다"라는 폭탄 발언을 하기까지에 이르렀다.

임정 쪽과 대원들의 갈등은 광복군 제2지대장 이범석:144이 등장하여 시안(西安)으로 가서 미군과 합작으로 한국 침투 작전을 위한 훈련에 동참하자는 제안을 받아들임으로써 일단락되었다. 장준하 등은 1945년 4월 29일 충칭의 비행장에서 미군 비행기로 시안의 광복군 제2지대로 갔고, 5월부터 'OSS 대원'이 되기 위한 훈련에 들어갔다.

해방 직전, 임정과 김구 주석은 미국에 제주도 점령을 요청했으나 거부당했다. 연합군의 일원으로 승리를 얻는 일은 해방 이후 임정과 광복군의 위상과 관련해 매우 전략적이고 정치적인 문제였기 때문이다. 이에 임정은 끈질긴 노력 끝에 OSS와의 연합 작전에 합의한 것이다.

1기생 훈련은 1945년 8월 4일에 끝났고, 교육과정을 통과한 인원은 38명이었다. 국내 침투 작전은 제2지대 1기생 38명이 훈련을 마친 시점부터 구체화되어 8월 7일, 김구는 광복군의 지청천, 이범석과 함께 미군 비행기로 두취를 방문해 OSS 책임자 도노반(William J. Donovan) 장군과 '항적공작(抗敵工作)'(백범일지)을 협의했다. 제2지대 본부 사무실에서 도노반은 "금일 금시로부터 아메리카합

:144 이범석은 북로군정서 교관, 고려혁명군 기병대장, 광복군 참모장 등을 역임한 독립운동가다. 1948년 초대 국무총리와 국방부 장관을 지냈다. 1963년 건국훈장 대통령장을 받았다.

중국과 대한민국 임시정부와의 적 일본에 항거하는 비밀공작은 시작됐다"라고 선언했다.

'독수리 작전'의 시작과 무산

작전은 8월 20일 안으로 함경도부터 남해까지 네 명 또는 다섯 명씩 지구 공작반을 조직하여 잠입하게 되어 있었다. 낙하산을 타고 야음에 투하된다든가, A지구에 이 침투가 성공하면 B지구엔 새벽에 잠수정으로 상륙한다든가 하는 구체안까지 결정돼 있어 작전 개시 명령만 기다리고 있을 때였다.

장준하는 이범석 장군의 전속 부관으로 있는 김준엽으로부터 이번 작전에 이범석이 '전후에 쓸 수 있는 인재는 남겨야 한다'라고 하면서 그를 제외할 거라는 얘기를 듣는다. 공작에 참여하면서 목표는 죽음이라고 여기고 있던 장준하는 충격을 받고, 그날 머리를 밀었다. 그리고 일본군 탈출 때부터 써온 일곱 권의 노트와 자신이 만든 잡지 「등불」과 훈련을 받으면서 만든 「제단」, 그리고 그 위에 자신의 유서 한 통을 넣어 묶고는 집 주소와 아내의 친정 주소를 적었다.

장준하는 남은 자신의 물건을 뜰에 쌓아 올리고 불을 질렀다. 그는 미련과 더불어 '죽음을 선택하는 고뇌'를 불태운다고 생각했다. 그리고 김준엽의 숙소로 가서 그의 부인에게 그것을 맡겼다. 이야기를 들은 김준엽의 아내 민영주(1923~2021)는 백짓장처럼 얼굴이 새하얘졌다.

　결국 이범석 장군은 장준하의 작전 참여를 승인할 수밖에 없었다. 광복군은 OSS와 국내정진군 공작반을 편성했고, 침투 계획은 OSS의 훈련 교관인 쿠퍼(Chester Cooper)가 맡았다. 총사령관 지청천, 제2지대장 이범석 등을 중심으로 비행대까지 편성했고 한국 후방 상륙 D-데이는 8월 13일로 잡혔다.

　대원들은 긴장 속에 필요한 통신 장비와 무기, 식량과 휴대품을 갖추어놓고 일본 국민복과 일본 종이와 활자로 찍은 신분증, 그리고 금괴까지 준비하고 대기하고 있었다. 8월 10일, 전통 한 통이 내려왔는데, 그것은 일본이 항복을 인정하는 포츠담선언을 수락하겠다는 요청을, 중립국을 통해 연합국에 통고해 왔다는 내용이었다. 대원들은 깊은 실망과 벅찬 환희를 동시에 느껴야 했다.

　8월 13일, 이범석 장군은 임정으로부터 정진군(挺進軍):145 총사령관으로 임명되었다면서 중국 전구 미군사령부가 사절단을 서울에 보낼 때 대원들도 편승하기로 했다고 알려주었다. 국내에 진입하면 일본군에 징집된 우리 병사를 인수하고, 일본군의 무기 접수를 지휘해야 하는 임무가 주어진 것이다. 8월 14일 새벽 4시, 쌍발 대형 수송기를 타고 서울로 향했지만, 5시간 반쯤 비행하여 서해의 아침 바다 위에 이르렀을 무렵 '한국 진입 중지' 전문이 타전

:145　OSS 훈련을 마치고 '국내 진입 작전'을 수행하게 된 광복군 제2지대를 가리키는 이름.

되었다. 수송기는 회항해야 했다. 그날 아침 도쿄만에 진입하던 미국 항공모함이 일본 특공대의 습격을 받았고, 이에 미군 측에선 위험하다고 판단하고 진입 중지를 명한 것이었다.

8월 15일, 진입 시기가 유동적이니 시안 비행장에서 대기하라는 지시에 이어 17일 저녁 미군은 광복군 인원을 2명 줄이고 무기탄약을 제외한 모든 휴대품을 버리라는 지시를 받고, 이범석 대장과 광복군 중위 김준엽·노능서, 그리고 장준하가 탄 수송기가 18일 새벽에 시안을 이륙했다. 11시 18분에 C-47 수송기는 여의도 비행장에 착륙했지만, 정진군과 OSS는 전차와 기관포까지 동원한 일본군에게 포위되어 대치하다가 다음 날 오후 28시간 만에 시안으로 돌아와야만 했다.

이 작전의 무산이 바로 미군이 임정의 존재를 인정하지 않는 등의 정치적 상황으로 전개되었다고 보는 건 지나치게 순진한 생각일지 모르겠다. 그러나 당시 산시성 추샤오저우(祝紹周) 주석이 베푼 연회에서 일본의 항복 소식을 들은 김구 주석의 실망은 대단했다.

> "이 소식은 내게 희소식이라기보다는 하늘이 무너지고 땅이 꺼지는 일이었다. 수년 동안 애를 써서 참전을 준비한 것도 모두 허사로 돌아가고 말았다. 서안 훈련소와 부양 훈련소에서 훈련받은 우리 청년들을 조직적·계획적으로 각종 비밀 무기와 전기(電器)를 휴대시켜 산둥반도에서 미국 잠수함에 태워 본국

으로 침입하게 하여 국내 요소에서 각종 공작을 개시하여 인심을 선동하게 하고, 전신으로 통지하여 무기를 비행기로 운반하여 사용할 것을 미국 육군성과 긴밀히 합작하였다. 그런데 그러한 계획을 한번 실시해 보지도 못하고 왜적이 항복하였으니, 지금까지 들인 정성이 아깝고 다가올 일이 걱정되었다."

- 김구, 『백범일지』(돌베개, 2014) 중에서

해방 이후 3인의 삶

시급히 귀국하기를 바랐지만, 임정 요인들의 발은 두 달이 넘게 상하이에 묶여 있었다. 비행기를 내줄 미군의 승인을 기다리는 것 외에 달리 방도가 없었던 것은 미군이 '임시정부' 자격이 아니라 '개인' 자격으로 입국하기를 요구했기 때문이었다. 장준하는 해방 석 달이 지난 11월 23일 '개인 자격'으로 돌아오는 김구, 김규식 등 임정 요인 1진과 함께 귀국할 수 있었다.

노능서는 12월 1일에 광복군 총사령부 경위대 비서 자격으로 대한민국 임정 요인 2진과 함께 귀국하였다. 김준엽은 중국에 남아 있다가 1948년 11월 국공내전으로 중국 정세가 불안해지자 1949년 2월 귀국하였다.

김준엽은 그해 9월에 고려대 부교수로 부임하여 33년간 교수로 학생들을 가르치고 1982년에는 고려대학교 총장으로 부임했는데, 전두환 군부 정권과 대립하다 1985년 강제 사임을 당했다. 그는 광복군 동지 장준하가 창간한 시사잡지 「사상계」의 주간을 맡기도 했다. 1990년 건국훈장 애국장을 받았고, 2011년 사후 국민훈장 무궁화장을 추서 받았다.

노능서는 한국전쟁 당시 육군 대위로 영도유격대 :146 기간요원으로 일본에 건너가 훈련을 받고 유격대원들을 훈련했다. 전후 대한해운공사에 입사하여 로스앤젤레스 지점장, 도쿄 지점장과 이사 등을 지낸 뒤 미국에 이민하였다. 1990년 건국훈장 애족장을 받았다.

장준하의 반독재 민주화운동

1945년 12월 김구와 함께 돌아온 장준하는 한때 김구의 비서로 일했고, 1952년 월간지 「사상」을, 1953년 피난지 부산에서 '한국 잡지계의 전설'로 일컬어지는 월간 종합지 「사상계」를 창간했다. 박정희 독재와 맞선 민주화운동으로 10여 차례 투옥되었으며, 1975년 8월, 등산 중 의문의 죽음으로 파란 많은 생애를 마감했

:146 영도유격대(Yong-do Group, 1951.3.~1952.12.)는 한국전쟁 당시 부산광역시 영도구 태종대에서 미국 중앙정보국 소속 '제8241부대'인 주한 합동 고문단 (JACK)에서 조직한 유격부대다. 기밀로 취급하던 부대였으므로 'Y부대', '파라슈트 부대' 등의 여러 별명으로 불리었다. 약 1,200명의 대원중 900명이 전사하였다.

다. 향년 57세였다. :147

   그간 의문사 진상규명 위원회조차 '조사 불가능'(2004)으로 결
론을 내렸지만, 2012년 묘지 이장 과정에서 두개골 함몰 흔적이
발견되면서 사인 진상 조사 공동위원회는 이를 타살의 증거로 발
표한 바 있었다.

   광복군 출신의 이 열정적 민족주의자가 맞서 싸웠던 일본군 장
교 출신의 독재자 박정희(1917~1979)는 거의 동년배인데, 전혀 다
른 삶을 살았다. 도올 김용옥은 "장준하는 사선을 뚫고 일본군을
탈출하여 광복군에 합류한 독립투사이며 반체제의 선봉, 박정희
는 대일본제국의 육군 장교였고 여수·순천 항명 사건의 굴절을
겪으며 살아남은 사람"으로 규정했다.

:147 장준하는 1962년에 한국인으로는 최초로 막사이사이상(언론 부문)을 수상
      했다. 1991년 건국훈장 애국장, 1999년 금관문화훈장이 추서됐다.

참고문헌

공통 참고문헌

- 한국민족문화대백과사전
- 『한국독립운동인명사전』
- 공훈전자사료관 '이달의 독립운동가'
- 우리역사넷
- 위키백과

개인별 참고문헌(가나다 순)

권기옥

- 조은경, 「편견과 금기를 깨고 조국의 독립을 위해 하늘을 날다 : 우리나라 최초의 여성 비행사 권기옥」, 『독립기념관』 314호, 독립기념관, 2014.
- 이윤옥, 「한국 최초의 여자 비행사 '권기옥' 애국지사의 푸른 꿈을 찾아」, 『기록인(IN)』 24호, 행정안전부 국가기록원, 2013.
- '독립을 위한 날갯짓-권기옥 편', 「뉴스타파」, 2015.11.23.
- 이하나, '박경원이 〈최초 여성 비행사〉?… 국립 여성전시관 전시 논란', 「여성신문」, 2017.7.22.
- 정혜주, 『날개옷을 찾아서』, 하늘자연, 2015.

김구

- 도진순, 「김구 : 임시정부를 이끈 민족주의 독립운동가」, 『한국사 시민강좌』 47집, 일조각, 2010.
- 박성순, 「남녀평등을 강조했던 선구자, 백범 김구」, 『백범회보』 68호, 백범김구기념관 2023.
- 한시준, 「세계 평화를 꿈꾼 백범 김구」, 『백범과 민족운동 연구』 11집, 백범학술원, 2015.
- 윤무한, 「앞서 걸은 민족 통일의 발자취, 백범 김구 : 우익에서 좌우 통합으로의 대반전」, 『내일을 여는 역사』 26호, 서해문집, 2006.
- 김구, 『백범일지』, 돌베개, 2014.

김규식

- 이준식, 「김규식의 민족운동 노선과 이념」, 『한국민족운동사연구』 39집, 한국민족운동사학회, 2004.
- 이준식, 「김규식의 길, 이승만의 길」, 『내일을 여는 역사』 44호, 서해문집, 2011.
- 윤경로, 「김규식 : 이념을 초월한 통일전선 지도자·외교가」, 『한국사 시민강좌』 47집, 일조각, 2010.
- 정경환, 「일제하 민족 지도 노선의 방법론과 그 성격;이승만·김구·김규식·여운형·박헌영을 중심으로」, 『순국』 59호, 순국선열유족회, 1995.

김란사

- '김란사-꺼진 등불에 불을 밝혀라!', 사이버외교사절단 반크 누리집.
- '세상의 편견을 깬 독립운동가 김란사', 지역N문화, 한국문화원협회 누리집.
- 김학규, '110년 전 "요리 모르는 여성" 비난… 유관순 스승의 통쾌한 반박', 「오마이뉴스」, 2021.5.7.
- 우경윤, '최초의 여성 문학사이자 교육 계몽에 힘쓴 독립운동가', 「더 케이 매거진」, 2022.5.

김마리아

- 박용옥, 「김마리아의 망명 생활과 독립운동」, 『한국민족운동사연구』 22집, 1999.
- 정현주, 「김마리아의 독립운동, 글로벌 동선을 따라서」, 대한 독립의 별 '김마리아' 기념 학술 세미나, 2018.10.18.
- 박경현, '대한 독립의 별, 김마리아', 「뉴스타파」, 2016.1.22.
- 임경석, 『독립운동 열전 2』, 푸른역사, 2023.

김상옥

- 임경석, '혁명가의 총구 경성 뒤흔들다', 「한겨레 21」 1171호, 2017.
- 임경석, 『독립운동 열전 1』, 푸른역사, 2023.
- 「순국선열 김상옥 의사의 항일 독립투쟁 약사」, 『순국』, 2009.
- 독립운동사연구소, 『독립운동 인명사전』, 독립기념관 누리집
- 이순우, "내가 아주 단판씨름을 하러 왔소", 「민족사랑」 2023.

김알렉산드라

- 강지원, 「동토의 땅 시베리아에서 총살된 조선 여인 김알렉산드라의 자취를 찾아서」,

독립신문 5호, 국립대한민국임시정부기념관, 2023.

- 최윤아, '낯선 혁명가 김알렉산드라, 얼굴을 얻다', 「한겨레」, 2020.4.17.
- 정성희, '노동자 세상과 조선 독립의 횃불, 김알렉산드라', 「매일노동뉴스」, 2019.4.8.
- 임경석, '러시아 벌목장, 막일하는 사관생도들', 「한겨레21」 1378호, 2021.
- 반병률, 「김알렉산드라 페트로브나(스탄케비치)의 생애와 활동 - 조선인 최초의 공산주의자의 약전」, 『윤병석 교수 화갑 기념 한국 근대사 논총』, 윤병석 교수 화갑 기념 한국 근대사 논총 간행위원회, 지식산업사, 1990.
- 박환, 「한인사회당 지도자 김 알렉산드라 뻬뜨로브나」, 『러시아 한인 민족운동사』, 탐구당, 1995.
- '[한인사회당 100년] ② 눈 덮인 아무르강은 속절없이 흐르고', 「연합뉴스」, 2018.1.29.
- 이현영, 「1910년대 사회운동과 김알렉산드라」, 부산대학교 대학원 석사학위 논문, 2004.

김원봉

- 한상도, '무장투쟁을 전개하고 항일 독립운동의 통합을 주창한 김원봉(전자자료)', 서울 흥사단, 2011.
- 이기환, '의열단 〈의백〉 김원봉은 뼛속까지 민족주의자였다', 「경향신문」, 2019.5.3.
- 최봉춘, 조선의용대의 창설과 활동 보유, 『한국독립운동사연구』 25집, 독립기념관 한국독립운동사연구소, 2005.
- 윤태옥, '질곡의 역사에서 〈삭제된 영웅〉 : 의열단·조선의용대 이끈 독립투쟁의 거두 김원봉', 「월간중앙」 43권 6호 통권 499호, 중앙일보사, 2017.
- 강윤주, '북으로 간 김원봉, 70년 지나 남(南) 서훈 논쟁에 소환되다', 「한국일보」, 2019.4.20.
- '밀양의 독립운동가 김원봉', 밀양독립운동기념관 누리집.
- '약산 김원봉 연대기', 약산 김원봉을 기리는 기념사업회 '김원봉과 함께' 누리집

김익상

- '김익상', 디지털동작문화대전, 동작구청, 한국학중앙연구원.
- 김용달, 「김익상의 생애와 의열투쟁」, 『한국독립운동사연구』 38집, 독립기념관 한국독립운동사연구소, 2011.
- 조한성, '황임성이 조선총독부 폭탄투척 사건의 범인이 된 이유', 「민족사랑」 319호, 민족문제연구소, 2023.
- 임경석, 『독립운동 열전1』, 푸른역사, 2023.

나석주

- 이기환, '일본 경찰 1만 명 농락한 〈전설의 독립투사〉…식민지 수탈기관 초토화시켰다', 「경향신문」, 2024.8.20.
- 신재홍, 살신성인의 의사 나석주, 『군사(軍史)』 17, 국방부전사편찬위원회, 1988.

박자혜

- '[역사 공장의 여성 독립운동가 열전] 신채호 부인으로 헌신적 삶… 나석주 의거 땐 의열단 도와', 한국역사연구회, 2024.2.27.
- 윤미향, '독립운동가 박자혜 선생을 아시나요?', 「통일뉴스」, 1922.3.28.
- 예지숙, '박자혜의 삶과 투쟁', 『민족사랑』 274호, 민족문제연구소, 2019.

백정기

- 김규원, 「백정기의 생애와 의열투쟁」, 단국대학교 대학원, 2019
- 김상현, 「백정기의 아나키즘 활동과 육삼정 의거」, 『전쟁과 유물』 5호, 2013.
- 박찬승, 「1933년 상해 '有吉明공사 암살미수 사건'의 전말」, 『한국독립운동사연구』 60집, 독립기념관 한국독립운동사연구소, 2017.
- '구파 백정기 의사 활동', 백정기의사기념관, 정읍시 누리집

안중근

- 박민영, 「안중근의 연해주 의병투쟁 연구」, 『한국독립운동사연구』 35집, 독립운동사연구소, 독립기념관, 2009.
- 윤병석, 「안중근 의사의 하얼빈 의거의 역사적 의의」, 『한국학연구』 21집, 인하대학교 한국학연구소, 2009.
- 이병한, 「21세기에 다시 읽는 '동양평화론' : 안중근 의사 하얼빈 의거 100주년」, 『플랫폼』 13호, 인천문화재단, 2009.
- 윤병석, 안중근 의사의 하얼빈 의거와 '동양평화론' 1·2, 『순국』 166호, 대한민국순국선열유족회, 2004.
- 박주석, '안중근 의사 사진의 힘, 박주석의 사진살롱 54', 한국이미지언어연구소 누리집
- 변창구, 「안중근 의거의 국제정치적 배경과 의의」, 민족사상, 한국민족사상학회. 2012.
- 임형두, '하얼빈 의거 110년 만에 되찾은 안중근 의사의 총', 「연합뉴스」, 2019.10.29.
- 조현, '가톨릭의 불편한 진실, 뮈텔 일기', 「한겨레」, 2020.4.24.
- 도진순, 「안중근의 어머니 조마리아의 '편지'와 '전언', 조작과 실체」, 『역사비평』 142호, 2023.

안창호

- 박만규, '대공주의를 주창한 대한민국 디자이너 안창호', 서울흥사단, 2011.
- 독립기념관 전시부, 「한국 독립운동의 스승 안창호」, 『독립기념관』 374호, 독립기념관, 2019.
- 이명화, 「안창호 : 대공주의를 지향한 민족 통합지도자」, 『한국사 시민강좌』 47집, 일조각, 2010.
- 반병률, 「대한국민의회의 민족운동과 안창호」, 도산사상 연구 5(1998.12.), 도산사상연구회, 1998.
- 도산 안창호, 생애와 업적, 흥사단 누리집
- '생애와 활동, 온라인기념관', 도산 안창호 기념사업회 누리집
- 이현주, 「도산과 초기 미주 한인 단체」, 『독립운동사연구』 31집, 독립기념관 한국독립운동사연구소, 2008.

엄항섭 · 연미당

- 한시준, 「임시정부의 젊은 일꾼 일파 엄항섭 선생」, 『독립기념관』 276호, 현대사회문화연구소, 2006.
- 황선익, '엄항섭 일가의 독립운동과 여주', 여주시 여주박물관, 2021.
- 조범래, 「임시정부의 심부름꾼 일파 엄항섭 선생」, 『독립기념관』 218호, 독립기념관, 2006.
- 조은경, 「독립운동과 인생의 궤적을 함께 한 여성, 연미당」, 『독립기념관』 326호, 독립기념관, 2015.
- 김형목, 「대한민국 임시정부 파수꾼 : 엄항섭과 연미당 부부」, 『독립기념관』 399호, 독립기념관, 2021.
- 김성은, 「상해 임정 시기 여성 독립운동의 조직화와 특징」, 『여성과 역사』 29호, 한국여성사학회, 2018.

유관순

- '유관순 〈국민 누나〉의 탄생', 「한겨레」, 2009.2.26.
- '이화교정 너머 울려 퍼진 〈대한 독립 만세〉', 이대학보, 2012.3.5.
- 김진호, 「병천 3·1독립운동과 유관순」, 『유관순 연구』 26권, 백석대학교 유관순연구소, 2021.

윤동주

- 김보예, '윤동주가 한 학기 만에 릿쿄대학 그만둔 사연', 「오마이뉴스」, 2018.11.24.
- 하성환, '강처중과 박치우… 윤동주의 벗을 아십니까', 「오마이뉴스」, 2023.3.1.
- '윤동주, 그 죽음의 미스터리', 「그것이 알고 싶다」, SBS, 2009.8.15.
- 하야시 요코, 일본 여인들이 증언하고, 선양한, 또 추모하는 윤동주, 『월간문학』 558호, 월간문학사, 2015.
- 김동수, 「지지 않는 별, 항일 시인 윤동주」, 『독립기념관』 402호, 독립기념관, 2021.
- 은현희·임채경, 「동주를 헤아리는 밤 : 윤동주의 생애와 문학」, 『문학사상』 521호, 문학사상사, 2016.

윤봉길

- '매헌의 생애', 윤봉길의사기념사업회 누리집
- '청년 윤봉길, 평화를 꿈꾸다, 윤봉길 의사 상하이 의거 90주년 기념 대토론회', 매헌윤봉길의사기념사업회, 2022.
- 박영규, 「이봉창과 윤봉길, 일제의 심장을 저격하다」, 『독립기념관』 370호, 독립기념관, 2018.
- 독립기념관 전시부, '상하이 의거로 한국인의 독립 의지를 세계에 알린 청년 윤봉길', 『독립기념관』 382호, 독립기념관, 2019.

이봉창

- 김도형, 「이봉창 의거의 역사적 성격과 그 평가」, 백범과 민족운동연구 10집, 백범김구기념관, 2013.
- 이기환, '〈난 신일본인!〉 외쳤던 이봉창, 그는 왜 일제의 〈대역죄인〉이 되었나', 「경향신문」, 2023.1.16.

이재명

- 이순우, '권총을 지닌 그는 왜 이완용을 칼로 찔렀을까?-이재명 의사의 정확한 의거 장소에 대한 재검토', 「민족사랑」 302호, 민족문제연구소, 2021.
- 김삼웅, 「이완용을 찌른 의열 장부 이재명」, 『순국』 178호, 대한민국순국선열유족회, 2005.
- '서대문형무소와 의열투쟁', 서대문형무소역사관 개관 5주년 기념 학술 심포지엄, 서울특별시 서대문구청, 2003.

장인환 · 전명운

- 독립기념관 전시팀, 「장인환 : 일제의 앞잡이 스티븐스를 쏘다!」, 『독립기념관』 241호, 독립기념관, 2008.
- 홍선표, 「통합과 새 진로를 위한 1908년의 미주 한인사회」, 『독립기념관』 375호, 독립기념관, 2019.
- 국가보훈처 엮음, 『장인환 전명운의 샌프란시스코 의거 자료집 1-2』, 국가보훈부, 2008.
- 오인환·문충한·공정자, 「장인환 의사의 발자취를 찾아서 : 샌프란시스코 지역을 중심으로」, 『한국독립운동사연구』 28집, 독립기념관 한국독립운동사연구소, 2007.
- 김도형, 「전명운의 생애와 스티븐스 처단 의거」, 『한국독립운동사연구』 31집, 독립기념관 한국독립운동사연구소, 2008.
- 김형목, 「의열투쟁의 선구자 전명운」, 『독립기념관』 2012년 6월호, 독립기념관, 2012.
- 정재환, '이승만은 〈스티븐스 처단〉 장인환·전명운 재판 통역을 거부했다', 뉴스톱, 2019.6.13.
- 박민영, 「1908년 상항 의거가 한국 독립운동에 미친 영향」, 『백범과 민족운동 연구』 9집, 백범학술원, 2012.

장준하

- 장준하, 『돌베개-장준하의 항일 대장정』, 돌베개, 2015.
- 최을영, 「장준하 : 37년 만에 살아 돌아오다」, 『인물과사상』 통권 174호, 인물과사상사, 2012.
- 한상도, 「장준하가 만난 중경 대한민국임시정부」, 『순국』 통권 147호, 순국선열유족회, 2003.

정정화

- 김자동, 「여성 독립운동과 임시정부 : 정정화 선생을 중심으로」, 『순국』 통권 289호, 대한민국순국선열유족회, 2015.
- 김형목, 「정정화, 대한민국임시정부의 살림살이를 말하다」, 『기록인(IN)』 26호, 행정안전부 국가기록원, 2014.
- 한시준, 「정정화의 생애와 독립운동」, 『사학지』 47집, 단국사학회, 2013.
- 김형목, 「대한민국 임시정부 안살림꾼 정정화와 이를 도운 김의한」, 『독립기념관』 386호, 독립기념관, 2020.
- 장영은, 「임시정부의 밀사 : 정정화의 독립운동과 자기 서사」, 『여성문학연구』 48호, 한국여성문학학회 2019.

- 김형목, 「독립전쟁과 독립운동가 아내들의 일상사 : 독립운동을 위한 지원활동과 자녀 교육을 중심으로」, 『전쟁과 유물』 7호, 전쟁기념관 학예부, 2015.
- 정정화, 『장강일기』, 학민사, 1998.

주세죽
- 손석춘, 『코레예바의 눈물』, 동하, 2016.
- 임경석, 동지의 손에 꺾인 '이상향을 향한 꿈', 「프레시안」, 2005.8.8.
- 임경석, '스탈린 광기에 희생된 혁명가', 「한겨레21」 1194호, 한겨레신문사, 2018.
- 임경석, '박헌영의 연인 한국의 〈로자〉', 「한겨레21」 1186호, 한겨레신문사, 2017.
- 장영은, 「귀환의 시간과 복권(復權) : 망명 체험의 여성 서사」, 『여성문학연구』 22호, 한국여성문학학회, 2009.

차미리사
- '설립자 차미리사 선생', 덕성여대 누리집
- 박정애, 「차미리사 선생의 민족운동과 교육활동, 식민지 조선 여성들의 배움 열망과 근화여학교」, 『인문과학연구』 22, 2016.
- 장현경, '사람으로서의 여성, 주체를 꿈꾸다·차미리사', 지역N문화, 한국문화원연합회 누리집
- 예지숙, 「차미리사와 김활란 : 식민지 지식인의 엇갈린 선택」, 『내일을 여는 역사』 73호, 민연, 2018.
- 안형주, 「차미리사 연구」, 『인문과학연구』 11집, 덕성여자대학교 인문과학연구소, 2007.
- 우경윤, '독립운동가이자, 여성 인권을 위해 헌신한 교육자 차미리사 선생, 생각 나누기 - 역사 속 숨은 영웅', The-K(교직원공제회) 누리집.
- 정진웅, '[차미리사 칼럼] 조국을 위해 피를 흘리자', 덕성여대신문, 덕성여자대학교, 2008.3.29.
- 한상권, 「일제강점기 차미리사의 민족 교육 운동」, 『한국독립운동사연구』 16집, 독립기념관 한국독립운동사연구소, 2001.

독립운동가,
청춘의 초상

지은이_ 장호철
펴낸이_ 양명기
펴낸곳_ 도서출판 -북피움-

초판 1쇄 발행_ 2025년 3월 26일

등록_ 2020년 12월 21일 (제2020-000251호)
주소_ 경기도 고양시 덕양구 충장로 118-30 (219동 1405호)
전화_ 02-722-8667
팩스_ 0504-209-7168
이메일_ bookpium@daum.net

ISBN 979-11-987629-5-5 (03910)